CÓMO PROMOCIONAR SU EMPRESA

501 ideas prácticas
para llegar a más clientes

DANIEL COLOMBO

CÓMO PROMOCIONAR
SU EMPRESA

501 ideas prácticas
para llegar a más clientes

Editorial Autores de Argentina

Colombo, Daniel
    Cómo promocionar su empresa / Daniel Colombo. - 1a ed. - Ciudad
Autónoma de Buenos Aires : Autores de Argentina, 2018.
    228 p. ; 20 x 14 cm.

    ISBN 978-987-761-489-3

    1. Autoayuda. I. Título.
    CDD 158.1

EDITORIAL AUTORES DE ARGENTINA
www.autoresdeargentina.com
Mail: info@autoresdeargentina.com

Diseño de portada: Justo Echeverría

Este libro se editó originalmente en 2012.
La presente es una versión en formato digital.

INDICE

CÓMO PROMOCIONAR SU EMPRESA

Con mucho esfuerzo, los emprendedores consiguieron un pequeño local sobre una calle transitada y, aunque estaba ubicado a mitad de cuadra y con mucha competencia alrededor, apostaban a que su producto -ensaladas con ingredientes gourmet y catering artesanal con cuidada materia prima- encontraría sus consumidores en la zona.

—*Te invitamos a la inauguración. Va a ser algo íntimo, entre los amigos* -dijeron.

El local estaba recién pintado y adecuado a las habilitaciones. Los bares de la zona tenían sus mesas en la vereda y su oferta de siempre: pizzas y un "2 x 1" de bebidas. Aquí, en cambio, había una buena marca, de fácil recordación, un logotipo acorde y de buena lectura, heladeras con exhibición de productos, una decoración cuidada, y cómodas banquetas en una barra pequeña, para comer algo al paso. En pocos minutos entraron 10 personas, para conocer y felicitar a los flamantes comerciantes. ¿Las claves? Habían creado expectativa: desde que alquilaron el local, colocaron un cartel enigmático; una buena iluminación en la vereda para llamar la atención; una vidriera despojada, que invitaba a mirar hacia adentro, y una pizarra prolijamente escrita a mano, con las sugerencias del día. Es decir: una buena síntesis de comunicación eficaz, con los recursos disponibles. Ellos lo entendieron.

En este libro, "CÓMO PROMOCIONAR SU EMPRESA", se reflejan problemas reales, planes estratégicos, y cientos de tips de aplicación. No se trata de un enfoque teórico: ya hay demasiados textos sobre teoría de la comunicación, publicidad, marketing y relaciones públicas. Aquí encontrará otros 25 casos que he respondido en los últimos años, tanto en publicaciones como en charlas, seminarios y asesoramientos personalizados. Entre los libros 1 y 2 de esta colección, tiene en sus manos 1001 ideas.

El tiempo es ahora. Si quiere un resultado diferente, necesita hacer algo diferente. Salir de lo conocido, para sumergirse en la creación de estrategias ganadoras, con la promoción, el marketing y la comunicación como ejes centrales del crecimiento de su negocio. ¡Adelante!

Daniel Colombo

25 CASOS REALES

501 ideas prácticas para llegar a más clientes

Cómo promover servicios online

El caso de un proveedor de empresas de terapias alternativas

DESAFÍO

El caso trata del lanzamiento de un emprendimiento que provee un sistema de aulas virtuales a institutos de terapias alternativas, como metafísica, astrología, y programación neurolingüística, entre otras disciplinas.

Las aulas virtuales ofrecen no sólo un espacio de aprendizaje, sino también una coordinadora virtual para desarrollar sus clases, ampliando los horizontes de la enseñanza. Ahora, su mercado es el mundo.

El producto está pensado en función de las necesidades particulares de cada profesional, pues se adapta a su medida. ¿Cómo captar clientes? ¿Cómo llamar la atención del segmento para empezar a vender los servicios?

RESPUESTA

La enseñanza online y el ofrecimiento de estos productos está en continuo crecimiento, de modo que tiene potencial de éxito. Una primera clave: si aun no lo ha hecho, aunque ya esté en marcha con su emprendimiento, posiciónese en Internet, sobre todo cuando utiliza la web como plataforma.

Otra idea complementaria: ¿cómo hacer tangible lo intangible? ¿Cómo mostrar de manera 'real' la experiencia de lo que puede significar un aula virtual, expandiendo los negocios más allá de la frontera?

La comunicación es la energía de las empresas que se conciben a sí mismas como generadoras de múltiples riquezas, a partir de una comprensión más fecunda del significado de las acciones humanas.

Carlos Álvarez Tejeiro,
Consultor y especialista en procesos organizacionales

Aquí van algunas ideas:

a) Genere seminarios intensivos para sus posibles clientes de todos los rubros afines al público objetivo que quiere captar: esto le permitirá constituirse con el tiempo en un alto referente en la materia. Haga que vivan la experiencia, que conozcan el producto a fondo. En principio no intente venderles nada: simplemente que conozcan lo que usted hace, y la experiencia que tiene.

b) Remarque el valor de expandirse mas allá de las fronteras, enfocado desde la Misión y Visión, y la filosofía de vida que suelen tener muchos de los que se especializan en la materia: El tocar esa cuerda emocional es fundamental para que ellos sientan que usted está en la misma frecuencia. A partir de allí, podrá fomentar vínculos personalizados, y luego, asesorarlos apropiadamente para que inicien sus aulas virtuales.

c) Escriba artículos para medios especializados o afines a las temáticas: contáctese con las docenas de revistas, boletines y newsletters que llegan a sus potenciales clientes, y ofrézcales colaboraciones con columnas periodísticas sobre su especialidad. Los medios suelen estar ávidos de contenidos.

d) Cree una identidad visual atractiva: allí podrá trabajar mejor el concepto de 'Tiempo propio', para anclar su marca ligada al mensaje que desea transmitir.

e) Participe en ferias y exposiciones: es una excelente oportunidad para crear redes y establecer lazos que, potencialmente, puedan transformarse en negocios posteriores.

f) Estudie la estructura de costos de su negocio: este aspecto es clave para su éxito. Averigüe casos internacionales, tome ejemplos y adáptelos al mercado local como referencia. Busque formas de pago atractivas que le aseguren el flujo de fondos apropiado, en tiempo y forma. Los profesionales de administración y finanzas podrán asesorarlo con precisión.

g) Cree un e-book (libro electrónico) gratuito enfocado en las aulas virtuales para ese mercado: esto le permitirá llegar rápidamente a un gran universo de potenciales clientes, en los que usted se posicionará como experto en la materia.

h) Asesórese legalmente: necesita deslindar responsabilidades por los resultados de las capacitaciones virtuales que brinden sus clientes. Establezca acuerdos de confidencialidad con ellos, y todas las precauciones inherentes al producto que comercializa.

i) Genere alianzas estratégicas: busque empresas que brinden productos o servicios que, de alguna manera, puedan complementar su trabajo. Por ejemplo, aquellas que se dedican a hacer boletines electrónicos. Usted podrá funcionar, así, como una usina creativa de contenidos -más allá de las aulas virtuales- para sus potenciales clientes.

j) Conozca a fondo a cada cliente, antes de entrevistarse: haga un relevamiento de información, chequee referencias, busque artículos periodísticos, visite su web-site, haga de 'mystery shopper' (comprador oculto o misterioso). Esto le dará valiosa información sobre su posible cliente, y podrá tomar esta información para transformarla en argumentos de venta.

Mi manera de trabajar contra la competencia, es el enfoque positivo. Acentúe sus propios puntos fuertes, ponga el énfasis en la calidad, el servicio, la limpieza y el valor, y sus competidores se desgastarán a sí mismos al intentar no ceder.

Ray Kroc
Fundador y ex presidente de McDonald's

PLAN DE ACCIÓN

Ideas y próximos pasos

501. Posiciónese en Internet

502. Genere seminarios intensivos para posibles clientes

503. Busque posicionarse como referente en la materia

504. Haga que sus posibles clientes vivan la experiencia

505. Dé a conocer el producto, aun sin ventas a la vista

506. Remarque el valor de expandirse más allá de las fronteras

507. Fomente vínculos personalizados

508. Asesore apropiadamente a sus clientes para que inicien sus aulas virtuales

509. Escriba artículos para medios afines a las temáticas

510. Ofrezca colaboraciones en revistas y newsletters que llegan a sus potenciales clientes

511. Cree una identidad visual atractiva

512. Recuerde "anclar" el mensaje que desea transmitir en su imagen corporativa

513. Participe en ferias y exposiciones

514. Estudie la estructura de costos de su negocio

515. Averigüe casos internacionales y adáptelos al mercado local

516. Cree un libro electrónico enfocado en las aulas virtuales

517. Establezca acuerdos de confidencialidad con sus clientes

518. Genere alianzas estratégicas

519. Conozca a fondo a cada cliente antes de entrevistarse

520. Haga de 'Mystery shopper' (comprador oculto) para relevar información.

Cómo superar el miedo a emprender

Un caso de venta de indumentaria por Internet

DESAFÍO

Esta es la historia de un emprendedor que se define a sí mismo como alguien que siempre tiene ideas pero nunca las puso en práctica, y luego ve cómo otros ocupan su lugar y tienen éxito en aquello que él dejó atrás.

Hoy se gana la vida brindando servicios de serigrafía para la industria publicitaria. Está trabajando en un taller, y su idea es crear una página web ofreciendo los productos textiles que allí se estampan, principalmente remeras con imágenes de figuras del rock. También quiere empezar a vender productos de merchandising.

La duda es con respecto a la creación de la página en Internet. Cuando se ofrece un producto ¿qué es lo que se pide? ¿Cuál sería la inversión que tiene que hacer? ¿Qué reglamentación debe cumplir para realizar una venta?

RESPUESTA

¿Tiene miedo a comenzar... o miedo al éxito? Hay una estadística que afirma que más del 90% de los emprendedores no tienen miedo a fracasar... ¡sino al éxito y las responsabilidades que ello implica! Es sólo un breve comentario para que pueda reflexionar, ya que el mundo de los negocios es para quienes tienen agallas, son valientes, se sobreponen a las dificultades, ven oportunidades donde otros no las encuentran, innovan, desafían el momento, y van al frente con determinación y entusiasmo.

Luego de estas palabras, veamos algunos aspectos que quizás puedan orientarlo para analizar mejor la situación.

- Sobre vender vía Internet, hay millones de ejemplos de emprendedores, como usted, que comercializan sus productos vía Internet. Incluso muchos de ellos no necesitan hacer un website propio, sino que utilizan las herramientas de sitios virtuales de venta (como masoportunidades.com, Mercadolibre.com, ebay. com y Amazon.com) para ofrecer sus productos. Estas empresas tienen sus propias políticas de comercialización, y suelen ser un recurso ideal cuando no se dispone de mucha experiencia, ni capital para hacer un desarrollo propio. Incluso ellas mismas realizan cobranzas online y luego le liquidan los pagos a usted, reteniendo las comisiones.

- Es recomendable una visita a cada uno de esos sitios y cualquier otro que pueda conocer. Hay cientos disponibles para adentrarse en ese mundo. Recuerde que estas plataformas tienen un sistema de calificaciones de vendedores; esto significa que si el comprador quedó satisfecho con su transacción (calidad del producto, respeto de los precios y condiciones, plazo de entrega, esmerada atención pre, durante y post-venta), usted suma puntos. Las experiencias positivas le permitirán que su producto vaya subiendo escalones dentro de esos sitios; en tanto que las negativas pueden concluir -incluso- con la cancelación de su presencia en los mismos.

Para que las empresas sean exitosas tiene que haber diálogo y comunicación. Si desde lo más alto de la organización no se predica esto mediante la cercanía y con el hecho de comprender qué es lo que pasa, se pierde credibilidad. El rol del líder es que exista, coherencia entre lo que se dice y lo que se hace. Y esto sólo existe desde los hechos.

Alan Gegenschatz.
Presidente de TNT Express

- Si ya tiene productos, ¡comience a venderlos hoy mismo! Internet es una herramienta espectacular para contactarse, mediante redes sociales, blogs y otros recursos, con los nichos específicos de fans de determinados artistas de rock. Usted podrá "infiltrarse" (en el buen sentido) dentro de esas comunidades virtuales, y ofrecerles productos especiales; o simplemente, conocer más de cerca el perfil del potencial cliente.

- Otra opción es que se contacte con todos los clubes de fans que existen, y les ofrezca proporcionarles productos para su venta en los eventos o encuentros que realizan casi semanalmente. A cambio, pueden recibir de usted una comisión.

- Inversión a realizar: todo emprendimiento necesita que defina un plan de negocios. Consulte con un contador especializado en administración y creación de negocios -no cualquier contador-, o con un licenciado en administración de empresas, y también con su abogado, para que puedan orientarlo con precisión, y ahorrarse posteriores dolores de cabeza.

- Cree colecciones limitadas: detecte cuáles son las tendencias del momento, y ofrezca productos especiales y colecciones numeradas autenticadas. Esto le permitirá vender esos productos en un rango de precio mayor, y asegurarse de tener a los seguidores de determinados artistas siempre atentos a lo nuevo.

O la vida es una aventura, intrépida, o no es nada.

Helen Keller

Autora, activista política y oradora estadounidense.

Era sorda y ciega

Un aspecto adicional: ¿Cómo entrar al mercado del merchandising publicitario? Es un tema delicado, sobre todo si no cuenta con capital inicial. Deberá considerar que, además de los atributos de impecable calidad y estricto cumplimiento de los plazos de entrega, es difícil lograr que cualquier cliente del sector le pague todo el trabajo por anticipado. Por lo tanto, usted tendrá que financiar dicha inversión. Pasada esa etapa, puede contactarse con las cámaras empresariales del sector; comenzar a armar sus agendas de contactos; preparar sus materiales de presentación institucional, y... ¡salir a vender!

Recuerde que el empresarial es un mercado sumamente competitivo, cambiante, y con alta rotación de los potenciales ejecutivos que puedan comprar su producto. Por lo tanto, la recomendación de ellos es sumamente válida, y además, si establece vínculos efectivos y sólidos, podrá hacerlos perdurar a lo largo del tiempo.

PLAN DE ACCIÓN

Ideas y próximos pasos

521. Visite todos los sitios de venta online y observe cómo operan

522. Use las redes sociales y blogs para entrar en contacto con nichos específicos de fans

523. Ofrezca productos a públicos segmentados

524. "Infíltrese", en el buen sentido, dentro de comunidades virtuales

525. Conozca de cerca el perfil del potencial cliente

526. Contáctese con los clubes de fans

527. Aproveche los encuentros de fans para ofrecer sus productos

528. Negocie con otros vendedores a cambio de comisiones de venta

529. Defina un plan de negocios

530. Consulte con un contador especializado en creación de negocios o un administrador de empresas, y un abogado, para ahorrarse posteriores dolores de cabeza

531. Cree colecciones limitadas

532. Desarrolle colecciones numeradas autenticadas

533. Detecte cuáles son las tendencias del momento

534. Asegúrese de tener a seguidores de determinados artistas siempre atentos a lo nuevo

535. Contáctese con las cámaras empresarias del sector

536. Arme su propia agenda de contactos

537. Prepare sus materiales de presentación institucional

538. Establezca vínculos efectivos y sólidos que perduren en el tiempo

539. Mantenga siempre un alto estándar de calidad

540. Sea estricto en el cumplimiento de los plazos de entrega.

Cómo tercerizar tecnología con éxito

El caso de un ingeniero que provee a estudios de arquitectura

DESAFÍO

Un ingeniero electromecánico especializado en sistemas digitales quiere expandirse a una nueva área. Por su trabajo, está en contacto diario con el mundo de las computadoras, software y sistemas en general.

Recientemente, uno de sus clientes, un estudio de arquitectura, le comentó sobre su necesidad de contar con una computadora poderosa, a buen precio, que le permita realizar Renders (procesamiento y bajadas de vistas en 3D de sus proyectos) para mostrar a sus clientes, de manera virtual, como quedaría su oficina, casa, departamento, edificio, etcétera. Esto les permitiría realizar las modificaciones necesarias en el momento, ahorrando tiempo, dinero y dejando felices a sus clientes.

Al ver la necesidad de mercado que existe en este tema, el ingeniero se animó a realizar un pequeño estudio y descubrió que existe una gran demanda entre los profesionales de la construcción por este tipo de sistemas que, aunque existen, no todos pueden pagar. La oportunidad aparece en que tal vez no accedan a comprar las computadoras, pero sí estarían dispuestos a contratar los servicios externos de elaboración de Renders, que él les puede proporcionar.

Tiene todo listo, sólo lo asalta la duda de no saber cómo promocionarlo adecuadamente a su público objetivo para tener el éxito que espera, y generar ventas.

RESPUESTA

Hace poco más de 15 años, el proceso de renders era costosísimo y además sumamente lento. Por lo tanto, la velocidad y accesibilidad son dos buenas claves para comenzar a comercializar su producto.

Específicamente en promoción orientada al marketing de su producto, aquí van algunas sugerencias:

1) ¿Tiene una sólida base de datos de potenciales clientes? Si no es así, será estratégico confeccionarla. Puede consultar los padrones de las Asociaciones de arquitectos de todo el país; participar en ferias y exposiciones del sector para intercambiar tarjetas; y hasta acudir a las secciones específicas de datos de arquitectos y decoradores que figuran en las revistas de decoración. A este ritmo, es probable que pueda relevar (sólo con estas fuentes) unos 1000 potenciales clientes.

2) ¿Ya diseñó su página web? Por las características del producto que ofrece, y aplicando su poder innovador, quizás le convenga crear en la web una herramienta online donde cualquier arquitecto pueda probar, de alguna forma, su producto.

3) Prepare una charla, workshop o conferencia profesional: organícela con todo detalle, y aproveche esa ocasión para mostrar su producto. Puede indagar sobre experiencias similares alrededor del mundo, compilar dicha información y, a la vez, marcar las diferencias con su lanzamiento.

4) ¿Tiene papelería comercial? Los arquitectos y su público target primario son sumamente exigentes en términos de calidad de presentación. Por lo cual todo lo que implica identidad corporativa de su emprendimiento reviste especial importancia.

5) ¿Es habilidoso para vender su propio producto? Muchos de nosotros hemos tenido etapas donde comercializar nuestras propias creaciones era más dificultoso que vender lo de otros. En ese caso, es recomendable que tome algunos cursos cortos de ventas. Quizás descubra algo nuevo, o al menos afianzará lo que ya sabe al respecto, ganará en confianza... y ¡quizás haya más de un arquitecto, o contactos con arquitectos, dentro de ese grupo!

6) Nuevos medios (blogs, foros, comunidades, lo que conocemos hasta hoy como web 2.0 y lo que viene, es decir, interacción vía Internet): el rubro en el que usted desea expandirse es ideal para desarrollar contenidos a través de los nuevos medios tecnológicos. Puede escribir artículos; publicar su propio blog; ofrecer una consultoría virtual a través de estos nuevos medios; contactar a universidades tecnológicas, crear un aula virtual y ofrecer cursos online, para convertirse en el tiempo (digamos, un mínimo de dos a cinco años) en el más alto referente en su segmento.

Incluso el pájaro carpintero debe su éxito al hecho de que usa su cabeza y además, continúa golpeando hasta que termina el trabajo que comenzó.

Coleman Fox
Empresario, consultor

7) Comience a tomar servicios de rendering: esto no sólo le permitirá tener un ingreso adicional rápido, sino que podrá tomar contacto directo con "ese" potencial usuario de su producto. Es más fácil que pueda venderles lo suyo cuando ya lo conocen y saben de su eficacia y excelencia profesional, que cuando todavía no lo conocen.

8) Desarrolle algún merchandising especial con la palabra renders en primer lugar y sus datos de contacto. Podrá entregarlo a sus contactos actuales, clientes potenciales y vínculos estratégicos. La intención es que siempre que piensen en "renders", piensen en usted.

9) ¿Qué otros segmentos del mercado pueden necesitar las aplicaciones de su producto? Tal vez las cadenas de pinturerías podrían mostrar un ambiente, e ir cambiándolo de color de acuerdo a lo que va eligiendo el cliente, para permitir a éstos tener una experiencia más vivencial en el proceso de elección de colores. En síntesis: explore oportunidades para hacer más, con mínimo esfuerzo, usando lo que usted ya tiene: su producto.

10) Artículos para la prensa: contacte a las revistas especializadas en arquitectura, construcción, equipamiento empresario, hotelería, materiales, diseño industrial, y ofrézcales escribir una columna o artículos que, de alguna forma, se relacionen con su actividad y su negocio. Muchos medios están ansiosos de recibir contenido calificado.

11) Registre su marca, y también el genérico derivado de "render", como forma de asegurarse que podrá utilizarlo para el desarrollo de su negocio.

PLAN DE ACCIÓN

Ideas y próximos pasos

541. Consulte los padrones de las asociaciones de arquitectos de todo el país

542. Participe en ferias y exposiciones del sector

543. Practique un exhaustivo intercambio de tarjetas

544. Tenga su página web si aun no la tiene

545. Disponga de una herramienta online donde los arquitectos puedas probar la experiencia

546. Prepare charlas o workshops profesionales

547. Aproveche las conferencias para mostrar su producto

548. Indague sobre experiencias similares alrededor del mundo

549. Compile toda la información posible

550. Marque diferencias con su producto frente a otros similares

551. Sea exigente en términos de calidad de presentación

552. Recuerde que la identidad corporativa reviste especial importancia para su público target

553. Desarrolle contenidos para los nuevos medios tecnológicos

554. Tenga su propio blog y registre su marca.

555. Ofrezca una consultoría virtual

556. Contáctese con las universidades

557. Desarrolle un merchandising especial con la palabra "renders"

558. Procure que, cuando se piense en "renders", piensen en usted

559. Contacte alas revistas especializadas en arquitectura, construcción, etcétera

560. Escriba columnas o artículos que se relacionen con su actividad y su negocio.

LA PAUSA

ELÁRBOL DE LOS PROBLEMAS

Un carpintero que había contratado para que me ayudara a reparar una vieja granja, acababa de finalizar un duro primer día de trabajo. Su cortadora eléctrica se dañó y le hizo perder una hora de trabajo; y después, su antiguo camión se negó a arrancar.

Mientras lo llevaba a su casa, se sentó en silencio. Una vez que llegamos, me invitó a conocer a su familia. Mientras nos dirigíamos a la puerta, se detuvo brevemente frente a un pequeño árbol, tocando las puntas de las ramas con ambas manos.

Cuando se abrió la puerta, ocurrió una sorprendente transformación. Su cara bronceada estaba plena de sonrisas. Abrazó a sus dos pequeños hijos y le dio un beso a su esposa. Después me acompañó hasta el auto.

Cuando pasamos cerca del árbol, sentí curiosidad y le pregunté acerca de lo que lo había visto hacer un rato antes.

"¡Ah!, ese es mi árbol de problemas", contestó. "Sé que yo no puedo evitar tener problemas en el trabajo, pero una cosa es segura: los problemas no pertenecen a la casa, ni a mi esposa, ni a mis hijos. Así que simplemente los cuelgo en el árbol cada noche cuando llego a casa. Luego en la mañana los recojo otra vez".

Y concluyó diciendo:

- "Lo divertido es que cuando salgo en la mañana a recogerlos, no hay tantos como los que recuerdo haber colgado la noche anterior".

Cómo difundir un nuevo medio de comunicación

El caso de una revista barrial unida a una tienda virtual

EL DESAFÍO

Un emprendedor está a punto de lanzar una revista barrial en la región donde vive y también tiene un sitio online para venta de productos (tienda virtual). Tras ofrecer detalles sobre su revista, busca orientación sobre algunas de las formas de promoción que puede aplicar.

RESPUESTA

El lanzamiento de nuevos medios de comunicación implica una multiplicidad de aspectos importantes que pueden determinar el éxito (o no) de los mismos.

La respuesta es en plural porque por un lado lanzará una revista y, a la vez, tendrá un sitio en Internet, incluyendo la venta de productos. Es decir, independientemente de que se trate de la misma marca, son dos medios diferentes, con lenguajes, alcances y perspectivas completamente distintas.

Según comenta el emprendedor, la revista tiene 16 páginas, en formato 20 x 28 cm, interior en blanco y negro y tapa a dos colores, en papel obra, y se ofrecerán 2000 ejemplares. Y otro factor muy importante: se está definiendo el slogan, cuyas opciones son "Femeninamente feminista", "Despertando la conciencia grupal femenina", "Mujeres intelectualmente inquietas", "Algo más que batir huevo y pegar puntilla".

Estos conceptos permiten deducir claramente la línea editorial de los medios.

Aquí van algunas sugerencias:

a) Para la revista:

- El establecimiento de un patrón editorial es fundamental para definir el perfil de su marca y su proyección a futuro. El patrón editorial es, profesionalmente hablando, el diseño gráfico y estilo visual que tendrá el medio, y la línea de contenidos. Como el emprendedor cuenta con un diseñador gráfico, éste es un aspecto fundamental. Del diseño, tipografías, aplicación del color, y, por supuesto, de la calidad de los contenidos, dependerá que el proyecto pueda insertarse en ese mercado tan competitivo.

- En general, lo que se hace es un "número cero", a modo de boceto avanzado y terminado. Esta herramienta tiene una doble finalidad: pulir todos los detalles, y, a la vez, tener una revista "casi" real en la mano, con una tirada menor que los 2000 ejemplares iniciales, con los que saldrá a la calle para vender espacios publicitarios.

- Es altamente probable que los potenciales anunciantes quieran "ver y tocar" la revista, y esperar a que tenga al menos dos o tres números en la calle, antes de definir una pauta publicitaria. En este punto, es importante tener en cuenta que deberá tener paciencia, invertir, ser persistente y saber esperar, ya que es fundamental que el anunciante perciba solidez y continuidad como soporte para definir su aporte publicitario.

- La definición de sus tarifas también es determinante del éxito. Tarifas que estén muy por encima de la media de otros medios zonales (incluyendo, por ejemplo, radios, catálogos de producto, programas de mano para un espectáculo, etcétera), harán más difícil la venta de avisos publicitarios.
- Los contenidos: siguiendo la línea editorial que se plantea en el proyecto, es crucial cuidar sobremanera la calidad de los mismos. Usualmente en este tipo de publicaciones se cuenta con colaboradores externos que escriben columnas de opinión, las cuales no necesariamente estarán en concordancia con el espíritu de lo que desea transmitir. El lenguaje a utilizar conforma, también, el patrón editorial de un medio; por lo cual es importante compartir con dichos colaboradores una guía de estilo sobre cómo redactar para su medio: esto permitirá ahorrar horas y horas de edición y corrección posterior.

b) Acerca de la promoción y distribución:

Algunas ideas a considerar son hacer un mailing personalizado, entrega puerta a puerta en determinadas zonas, entrega de ejemplares en librerías, bares, boutiques, peluquerías, centros culturales y los negocios de sus anunciantes También hay algunas otras alternativas:

- Contáctese con los medios radiales y televisivos de su zona y envíeles ejemplares a todos los conductores: generalmente podrá lograr algunas menciones espontáneas sobre su nueva marca, o bien, que tomen algún fragmento de contenido y mencionen la fuente.

• Asociaciones de mujeres, empresarios, comisiones de padres en los colegios, peluquerías, bares y restaurantes, para establecer vínculos de cooperación, difusión de contenidos y amplificar su revista en esos nichos.

• La revista puede auspiciar algunas actividades de interés comunitario: allí podrá distribuir ejemplares y, a la vez, colocar banners (carteles) con su marca en dichas ocasiones. Como contraprestación, el medio cubrirá periodísticamente esos acontecimientos.

• ¿Quiénes son las mujeres de todos los segmentos que se han transformado en referentes en su zona? Llegar a ellas con ejemplares puede producir un efecto multiplicador para expandir la difusión.

c) Con relación al sitio online, su tienda virtual:

• Considere que tenga algunos contenidos en común, aunque la mayor parte de éstos deberían ser diferenciales respecto a la revista en papel.

• La tienda virtual debe ofrecer productos novedosos y de impacto.

• Es fundamental la seguridad en el tráfico de la información de datos personales de registro de potenciales usuarios y visitantes. La confidencialidad ante todo.

• Si vende productos a través de la página web: es de vital

importancia la seriedad y el fiel cumplimiento de los plazos de entrega. Tenga cuidado si terceriza estos servicios, de hacer un seguimiento pormenorizado para evitarse disgustos por posibles problemas que puedan ocurrir.

- El diseño del sitio web deberá contener elementos concordantes con la revista, si es que se utiliza la misma marca.
- La web es una herramienta fundamental para ofrecer allí material que quedó fuera de la revista en papel, por razones de espacio. Por lo tanto, la revista en papel puede "continuar" en la web ofreciendo más contenido.

Posicionamiento en buscadores: es importante que su marca esté presente en los principales buscadores de Internet. Puede hacerlo usted mismo, en forma manual, o contratar los servicios de alguna compañía que se dedica, entre otras cosas, al desarrollo de herramientas vía Internet.

Recuerde que el éxito depende directamente de sostener y persistir en una actitud proactiva y positiva hacia las metas.

La suerte es el encuentro de la oportunidad con la preparación.

Anthony Robbins
Orador motivacional

PLAN DE ACCIÓN

Ideas y próximos pasos

561. Establezca un patrón editorial

562. Defina el perfil de su marca

563. Elabore con cuidado las tipografías y la aplicación del color

564. Cuide de la calidad de los contenidos

565. Elabore un "número cero" antes de salir al ruedo

566. Sea paciente: el anunciante define su aporte publicitario cuando nota solidez y continuidad

567. Recuerde que la definición de sus tarifas también es determinante del éxito

568. Envíe una guía de estilo del medio a sus colaboradores externos

569. Emplee el mailing personalizado

570. Practique la entrega puerta a puerta en determinadas zonas

571. Entregue ejemplares en librerías, bares, boutiques, peluquerías, centros culturales, etcétera

572. Envíe ejemplares a medios radiales de su zona

573. Auspicie actividades de interés comunitario

574. Cubra periodísticamente esos acontecimientos

575. Ofrezca en su web contenidos diferenciales con respecto a la revista en papel

576. Cuide que su web contenga elementos concordantes con la revista, si es que se utiliza la misma marca

577. Añada una tienda virtual donde ofrecer productos novedosos

578. Brinde seguridad en el tráfico de la información de datos personales

579. Sepa que la web es una herramienta donde ofrecer material que quedó fuera de la revista en papel

580. Ubique su marca en los principales buscadores de Internet.

Cómo expandir un centro educativo

Un caso en una ciudad mediana de la provincia de Buenos Aires

DESAFÍO

Este es el caso de la dueña de una institución educativa en una ciudad del interior de la provincia de Buenos Aires. Ofrecen carreras cortas con formación profesional, carreras terciarias y convenio universitario con una universidad nacional para profesorados y capacitaciones docentes, todo con títulos oficiales. La consulta se relaciona en la necesidad de tener más inscriptos mediante una estrategia de promoción, que le permita, no sólo captar nuevos alumnos, sino fidelizar a los actuales.

RESPUESTA

En este caso, lo ideal es contratar a un equipo de profesionales en marketing y comunicación que trabajen en su región. En caso de no encontrarlos, o de no poder afrontar por ahora un presupuesto muy alto, otra opción es localizar a algún profesional independiente o estudiante avanzado de carreras de marketing, comercialización o comunicación, de su zona, para que puedan desarrollar el plan estratégico que necesita.

En cuanto a las tácticas, aquí van once claves para expandir su negocio:

1) Capacitaciones gratuitas: charlas abiertas para captar el interés sobre las carreras con menos inscriptos. Cada vez hay más avidez por contenidos calificados y de acceso gratuito. Estas charlas podrían servirle para recopilar bases de datos, y, a la vez, detectar las capacitaciones apropiadas para nuevos públicos.

2) Página web: permanentemente actualizada, no sólo con información institucional, sino con notas, artículos, links, recursos, blogs y foros para generar tráfico de público a la misma y armar un "boca a boca" efectivo a favor de su negocio.

3) Folletería de características profesionales: No improvise ni utilice servicios de mala calidad en diseño, impresión y contenido: todo comunica y forma percepciones en sus potenciales clientes.

4) Realice actos de graduación de despliegue impactante y con alto nivel de recordación: Busque diferenciarse de su competencia. Con toda seguridad, los periódicos, radios y canales de televisión locales podrían cubrirlos periodísticamente, y generará una instancia mediática que repercutirá en el posicionamiento de su marca.

5) Actividades para graduados (postegresos): manténgalos en contacto; ofrézcales cursos cortos a valor diferencial; busque a los mejores e incorpórelos como docentes. Cree un "club de afinidad" entre ellos para que compartan experiencias con seguir el contacto y crear una comunidad alrededor de su instituto. Un punto interesante sería la creación de un premio o distinción anual, con un jurado confiable, para seguir generando instancias de promoción y comunicación.

6) Actividades para referidos de estudiantes o graduados: diseñe un programa permanente de vinculación, de forma tal de seguir el contacto y crear una comunidad alrededor de su instinto. Un punto interesante seria la creación de un premio o distinción anual, con un jurado confiable, para seguir generando instancias de promoción y comunicación.

7) Newsletter mensual con novedades: genere un medio de comunicación propio: Preste especial atención en no crearlo sólo como un boletín publicitario de las carreras, sino que debe contener notas de interés para la gente.

8) Puede hacer un programa de becas con las radios y periódicos locales: Una opción es cederle a esos medios algunas matrículas para determinados cursos, por lo general, los que necesita incrementar en ventas; y ellos, a cambio, le dan promoción en sus medios. Incluso puede organizar un ciclo de conferencias sobre temas de impacto comunitario, presentados en conjunto con los medios de comunicación de la zona, utilizando los salones de su sede.

9) Invitación a referentes de renombre: empresarios, actores, actrices, académicos y altos referentes, podrían ser invitados por su instituto para dar charlas y conferencias de acceso libre, presentadas por el instituto como sponsor.

10) Actividad filantrópica: cree algunas actividades de impacto comunitario, que le permitan fijar la marca de su instituto en la mente de los potenciales consumidores, y la comunidad en general.

11) Revise el sistema de atención al cliente: La mejora en la atención telefónica y personal es determinante del éxito en el mundo de los negocios. Uniformes, guía de atención permanente de vinculación, de forma tal de telefónica, ABC de las preguntas frecuentes, promociones en matrículas y cuotas mensuales, son parte de las estrategias que puede estudiar.

Recuerde que hoy no alcanza sólo con ofrecer excelentes productos. Hace falta ser innovador, audaz y mantener continuidad en todas las acciones que realice.

En un futuro cercano el mundo será de los apasionados. Será de quienes estén motivados, de aquellos que no sólo cuenten con grandes caudales de energía, sino que puedan transmitirla quienes se encuentren a su alrededor.

JackWelch
Presidente y CEO de General Electric

PLAN DE ACCIÓN

Ideas y próximos pasos:

581. Ofrezca capacitaciones gratuitas

582. Brinde charlas abiertas para captar el interés

583. Tenga su página web permanentemente actualizada

584. Incorpore notas, artículos, links, recursos, blogs y foros para generar tráfico de público

585. Cree folletería de características profesionales

586. Haga actos de graduación de despliegue impactante y con alto nivel de recordación

587. Realice actividades para graduados (post-egresos)

588. Practique actividades para referidos de estudiantes o graduados

589. Elabore un Newsletter mensual con novedades (no como boletín publicitario de las carreras)

590. Ponga en marcha un programa de becas

591. Estreche su comunicación con las radios y periódicos locales

592. Negocie cierta cantidad de matrículas para ciertos cursos a cambio de publicidad gratuita en radios y periódicos

593. Invite a referentes de renombre a dar charlas

594. Sea sponsor de conferencias de acceso libre presentadas por referentes

595. Cree algunas actividades de impacto comunitario. Instaure un premio anual.

596. Implemente tácticas para fijar la marca de su instituto en la mente de los potenciales consumidores

597. Mejore la atención telefónica y personal

598. Tenga un ABC de las preguntas frecuentes

599. Cuide la homogeneidad de los uniformes del personal

600. Ofrezca promociones en matrículas y cuotas mensuales.

Weblogs, fotologs, plataformas de producción e inter-cambio de videos, entre otras, son herramientas que ayudan a las las Pymes a identificar y encontrar poten-ciales clientes y socios de negocios.

Sukhinder Cassidy

Vice-Presidente de operaciones de Google para América Latina

Cómo incrementar la venta online

El caso de una nueva empresa de regalos empresariales

DESAFÍO

Junto a un socio, este emprendedor está pensando en poner un negocio online de venta de regalos para empresas y particulares dirigido a un nivel medio-alto con productos nacionales e internacionales. Además de la venta online pretenden destinar un lugar en la web llamado Lifestyle, para incorporar notas relacionadas con el mundo de la gastronomía, el buen vivir y los placeres de la vida.

Las preguntas son: ¿Es bueno mezclar estas dos cosas, información y venta? ¿Qué consejo se podría dar para encarar el negocio? ¿Cómo se pueden diferenciar del resto, ya que hay mucha competencia?

RESPUESTA

Aquí van siete claves que pueden ayudar a aclarar sus dudas:

1) Nombre: si el elegido es "Estilos del Mundo", es un muy buen concepto para volcar contenidos, y, como consecuencia, poder promover su empresa de regalos. El nombre es fundamental, ya que es el punto de partida sobre el cual gira la identidad corporativa del emprendimiento. Luego, se requiere un diseño moderno, sencillo, ágil, limpio, que transmita la esencia del negocio.

2) ¿Contenido o venta? ¿Venta o contenido? Como lectores de decenas de newsletters, y sufrido destinatario de miles de spams, todos acordamos con que no queremos más invasiones de publicidad encubierta. Por lo tanto, quizás en la primera etapa, convenga posicionarse como un nuevo medio de comunicación sobre regalos, estilo de vida, tendencias que, "casualmente", tendrá como sponsor principal a su empresa. Por lo tanto, es preferible la primera opción: poner el énfasis en el contenido, con sólo una mención de su empresa como sponsor del medio. Incluso, si se trata de una revista digital, esta mención podrá permitir a los navegantes-lectores linkearse inmediatamente a la web específica de la unidad de negocios de regalos.

3) Promociones como motor para captar interés: algo a considerar es que para lograr mayor impacto y que la gente estratégica haga "click" en su anuncio promocional (dentro de la revista de contenido), necesitará crear puntos de atracción: promociones, sorteos, showroom a domicilio, líneas especiales de productos estacionales, pueden servir para lograr este resultado.

Un ejemplo real: una empresa de regalos empresariales y merchandising envía a un lector calificado muchas invitaciones a suscribirse a su revista (en papel) y su Newsletter digital; a cambio de esa suscripción, prometían enviar una vistosa radio AM/FM de obsequio. Era una oferta tentadora. ¿A quién no le gusta recibir un regalo? El problema es que... tardaron tres meses en enviar el regalo.

Por lo tanto: cuando haga promociones, preste mucha atención a la celeridad de cumplir, siempre, con su promesa.

4) Formularios automáticos para crear un "costumer catalog": la web podría incluir una opción de crear un catálogo especial para ese consumidor. Por ejemplo: a partir de un completo menú de opciones sobre el motivo del regalo (cumpleaños, boda, hombre, mujer, rango de edad, ciudad, regalo empresarial o personal, rango de precios, estilo), es posible cruzar datos en su catálogo completo, y enviarle, de inmediato, un catálogo personalizado con el nombre y apellido de ese potencial cliente. Allí incluirán, en primera instancia, las 10 ó 20 opciones que se adaptan a los criterios predefinidos por el usuario; y luego, sí, pueden incluir otros productos.

Incluso podrá agregarle productos bonificados o a precio diferencial (moviendo sus ítems de stock), sumando valor al proceso de compra y preferencia. ¿Difícil? No necesariamente. Un buen programador y diseñador sabrá cómo implementar esta tecnología para que los diferencie sustancialmente de la competencia.

5) Bases de datos: las secretarias ejecutivas en casi todas las empresas, y los mandos medios y altos en departamentos de compras, marketing, publicidad, relaciones institucionales y relaciones públicas; y las agencias de prensa y relaciones publicas -entre muchos otros publicos- pueden ser algunos de sus principales interesados. Allí hay una oportunidad de crear estrategias para llegar directamente a ellos: show rooms portátiles, participación de eventos del sector , creación de una comunidad virtual con estas personas (en las redes existentes, por ejemplo), podrán servir tambien , para mantenerlos al tanto de las novedades.

6) Cumplimiento de plazos: éste es un punto sumamente sensible, sobre el cual hay que trabajar en detalle para que no se produzcan desvíos y problemas que atenten contra el éxito de su negocio.

7) Formas de pago: el pago online es lo mejor para este tipo de casos, sobre todo en compras menores. Es crucial tener muy en cuenta el retraso en los pagos-cobranzas que, casi inevitablemente, se suscitarán, para no atravesar luego nubarrones financieros. Hay empresas que se dedican a brindar estos servicios de cobro online con seguridad, y le liquidan los montos, reteniendo una porción a modo de comisión. Estudie bien la estructura de costos para no quedar sin rentabilidad. Los profesionales especializados en administración de empresas y contadores que saben crear empresas exitosas podrán asistirlo en el proceso.

La única forma de estar realmente satisfechos es cuando hacemos un trabajo que nos gusta. Si todavía no lo han encontrado, sigan buscándolo. No se conformen. Como en todo lo que tiene que ver con el corazón, sabrán cuál es el trabajo indicado cuando lo hayan encontrado. Y allí quedará claro quiénes no se sumarán, por lo que no obstaculizarán la realización de los objetivos, mientras que los que se queden lo harán con gran fervor y motivación.

Steve Jobs

Empresario y fundador de Apple

PLAN DE ACCIÓN

Ideas y próximos pasos:

601. Recuerde que en torno al nombre gira la identidad corporativa

602. Aplique un diseño moderno, sencillo, ágil y limpio en su web

603. Procure que su web transmita la esencia del negocio

604. Cuide de no invadir con publicidad encubierta

605. Posiciónese primero como nuevo medio de comunicación sobre regalos, estilo de vida y tendencias

606. Su propia empresa de regalos empresariales deberá ser el principal sponsor de ese medio nuevo

607. Si el medio tiene formato digital, ofrezca la posibilidad de linkearse inmediatamente a la web de la unidad de negocios de regalos

608. Utilice promociones como motor para captar interés

609. Cree puntos de atracción: promociones, sorteos, showroom a domicilio, etcétera.

610. Preste atención a la celeridad de cumplir con sus promociones y regalos

611. Incluya formularios automáticos para crear un "costumer catalog"

612. Ofrezca un completo menú de opciones de compra en su web

613. Segmente los catálogos de productos para facilitar la elección

614. Aplique una herramienta online que personalice la búsqueda de los clientes

615. Disponga de showrooms portátiles

616. Participe en eventos del sector empresarial

617. Cree una comunidad virtual con sus potenciales clientes

618. Incorpórese a redes sociales como Facebook para mantener al tanto de las novedades

619. Ofrezca posibilidades de pago online

620. Brinde seguridad para compras online en su sitio web

LA PAUSA

TESÓN

Poco antes de morir, un hombre muy trabajador reunió a sus hijos y les dijo que había enterrado un tesoro en el campo. Para hallarlo, tenían que remover la tierra con mucho cuidado.

Cuando murió, sus hijos –que eran poco afectos al trabajo– comenzaron desesperadamente a remover la tierra para encontrar el tesoro. Trabajaron noche y día durante meses, sin hallar nada.

Como la tierra ya estaba removida, decidieron sembrar el campo con semillas de trigo. Cosecharon y se hicieron de mucho dinero.

La abundancia de dinero les hizo recordar el tesoro de su padre; y volvieron a remover toda la tierra para encontrarlo. Como no encontraron nada, decidieron sembrar nuevamente. Otra vez cosecharon y obtuvieron grandes ganancias.

Hicieron esto una y otra vez durante varios años. Así, forjaron una gran fortuna, y a la vez se habituaron a trabajar duro.

Finalmente, entendieron que el verdadero tesoro que su padre les había legado era la sabiduría para dejar de lado la pereza, y enfocarse en trabajar.

Cómo desarrollar un beneficio comunitario

El caso de un puente entre la Argentina y Brasil

DESAFÍO

Un grupo de vecinos y empresarios, junto con el Rotary Club local, han iniciado en la frontera formada por ciudades de Argentina y Brasil, una campaña de recolección de firmas para apoyar la iniciativa de construir un Nuevo Puente Internacional solamente para cargas.

El problema actual es que el puente existente, proyectado en los años '30 para automóviles, está sobresaturado en su capacidad física por el tránsito de más de mil camiones al día.

¿Cómo puede lograrse que el emprendimiento comunitario alcance su objetivo de interesar a la mayor cantidad de vecinos, de ambas ciudades fronterizas, que participan mediante la firma de las planillas?

RESPUESTA

Hay pequeños gestos que pueden transformarse en grandes obras y grandes legados. Éste puede ser el caso. Son recomendables varias formas de comunicación, para amplificar y promover el mensaje que desean transmitir.

En este ejemplo, es estratégico que los impulsores de la iniciativa busquen acercarse a los medios de difusión, como forma de involucrar progresivamente a más vecinos.

Aquí van algunas sugerencias:

a) Dossier explicativo: ¿tienen elaborado un documento con abundante información sobre el tema? Es fundamental que tengan un material preparado en forma profesional sobre el asunto. Es mejor que esté redactado de manera clara, concisa, y que no se centre, exclusivamente, en el reclamo, sino también que aporte soluciones. ¿A quién estará dirigido este material? A los periodistas, medios, autoridades y también a los vecinos que desean (y necesitan) un mayor conocimiento del tema.

Es preferible que lo hagan en español y portugués, como una mejor forma de acercamiento a los hermanos de Brasil.

Este dossier contendrá distintas secciones; incluso puede resultar atractivo que contenga fotos históricas del paso, la acumulación de vehículos, y algunos otros hechos trascendentes del lugar, como testimonio visual del tema.

b) Alianzas con los medios: generar entrevistas en todos los medios gráficos, radiales, televisivos, Internet (incluyendo los nuevos medios, como blogs, redes sociales, foros y todo lo basado en web 2.0 y todo lo nuevo en materia tecnológica). Esto les permitirá comunicar con mayor precisión su mensaje. Recuerden tener definidos al menos dos mensajes clave (lo que ustedes desean que la gente recuerde), y siempre, reforzar las formas de participar.

c) Accesibilidad a la participación: una cosa es si la gente tiene que desplazarse para firmar un documento, y otra... es si el documento llega a la casa de la gente. Pueden realizar alianzas con los comercios de la zona, para colocar buzones, donde la gente pueda firmar su documento e insertarlo en estas urnas. Luego, esas firmas se sumarán a la lista general.

d) Foros públicos: otra alternativa es generar debates y foros públicos al aire libre. Creando espacios apropiados, con carteles y pancartas, la idea es movilizar a la gente para que se siga sumando a la movida. Además, los medios de prensa podrán cubrirlo, ya que cuando hay multitud, el efecto mediático aumenta.

e) Designación de voceros: es importante determinar no más de dos voceros entrenados para hablar ante los medios. Ellos serán los referentes para responder las consultas y dar las entrevistas. Recuerden alinear mensajes, es decir, que ambos voceros estén en concordancia de discurso respecto a lo que quieren comunicar. Y siempre, además, lleven consigo los dossiers explicativos: nunca se sabe dónde aparecen las oportunidades de difusión.

f) Mensajes SMS y por e-mail: aprovechando la tecnología celular, pueden organizar una campaña de mensajes SMS con un texto breve invitando a adherirse en "tal lugar" en un día y hora específicos. Lo mismo funcionará haciendo una red de e-mails que pueden reenviarse quienes adhieran a la causa, como forma de llamar la atención, brindar más información (en el caso del e-mail pueden desarrollar más profundamente el tema), y lograr impacto.

g) Una canción alusiva: ¿tienen un artista regional de fuerte impacto? Pueden acordar crear una canción alusiva a la problemática, al puente o a aspectos que toquen la fibra emocional de la gente. Esta canción se podrá divulgar en las radios y canales de TV regionales, y sonará en los eventos públicos que realicen.

h) Reuniones con los decisores del tema: es importante realizar encuentros cara a cara con autoridades locales, regionales, provinciales, nacionales, empresas, constructores, y otras organizaciones intermedias que puedan interesarse en la causa.

i) Lleven el debate a las escuelas y colegios, en todos los niveles: Creen materiales adecuados por edades. Ofrezcan charlas para los alumnos, y entrenen a los docentes sobre cómo sugieren abordar la temática, el impacto que tiene a futuro pensando en las nuevas generaciones. Esto se llama sensibilizar. Y desde allí pueden ir creando ejes de debate que trascenderán el ámbito de las aulas, para llevarlos a la mesa familiar, los clubes, los barrios, los grupos de amigos.

j) Busquen alianzas: detecten cuáles son los sectores que se verán más afectados, y generen encuentros de planificación estratégica. Recuerden aquello de "La unión hace la fuerza".

Los líderes son catalizadores del cambio y de la transformación. Pueden enfrentarse a un problema, tan trivial como ganar un partido de fútbol o a uno tan profundo como colaborar en la superación de una crisis social, pero siempre están en contacto con todos los niveles de la experiencia humana.

Deepak Chopra
Médico y escritor hindú

PLAN DE ACCIÓN

Ideas y próximos pasos:

621. Busque acercarse a los medios de difusión

622. Trate de involucrar progresivamente a la comunidad

623. Elabore un documento con abundante información sobre el tema

624. Redacte el material de manera clara y concisa

625. No se centre exclusivamente en el reclamo

626. Aporte posibles soluciones

627. Hagan versiones del documento en español y portugués

628. Incluya fotos históricas del paso internacional

629. Genere entrevistas en todos los medios gráficos, radiales, televisivos e Internet

630. Tenga definidos al menos dos mensajes clave (lo que ustedes desean que la gente recuerde)

631. Brinde accesibilidad a la participación

632. Organice debates y foros públicos al aire libre

633. Designe voceros

634. Cuide que no sean más de dos voceros y estén entrenados para hablar ante los medios

635. Recuerde alinear mensajes entre ambos voceros

636. Asegúrese que siempre lleven consigo los dossiers explicativo

637. Aproveche la tecnología celular para enviar mensajes SMS de contenido breve

638. Haga una canción alusiva a la temática

639. Mantenga reuniones con los decisores del tema

640. Busque alianzas con los sectores que se verán más afectados y siembre conciencia en las escuelas.

Cómo difundir una actividad con una inversión mínima

El caso de los seguidores de Robert Kiyosaki y su juego Cash Flow

DESAFÍO

Este caso presenta a un grupo de amigos, seguidores de las ideas de Robert Kiyosaki, autor de "Padre Rico, Padre Pobre" que se juntan regularmente a jugar su juego, llamado Cash Flow.

Luego de varias reuniones se preguntaron "¿cómo seguimos?", ya que llevar a cabo sus ideas implican meterse en temas de formación financiera y búsqueda de oportunidades de inversión, y entendiendo que juntarse generaba una sinergia, decidieron lanzar una página web para ofrecer a otros lectores de Kiyosaki alternativas de formación, así como oportunidades y ayudas que pueden servir para "salir de la carrera de la rata", según él lo define.

Necesitan seguir promocionando el sitio, entendiendo que al momento no tienen un modelo de negocio planteado ya que el emprendimiento lo hacen varios amigos en tiempos libres. Creen firmemente que las acciones de prensa serían la promoción ideal, aunque están abiertos a cualquier sugerencia.

RESPUESTA

Esta respuesta estará basada en los principios que el mismo autor de "Padre Rico, Padre Pobre" promueve en sus libros: "Mínimo esfuerzo, máximo beneficio".

a) Si ustedes tienen actualmente visitas 200 visitas por día en el sitio de Internet, ésa es una excelente herramienta para expandir la red. Crear redes virtuales de personas interesadas en una misma temática, es un gran punto de expansión para el emprendimiento. Establezcan alianzas con otros clubes similares de todo el mundo, pues esto ayudará a generar tráfico rápidamente.

b) ¿El sitio se actualiza frecuentemente? Es importante que el visitante encuentre contenido nuevo, no sólo relacionado con los libros o el autor, ya que de esta forma se transformarían sólo en un revendedor de libros, que, aunque interesante, no es la "Misión" de su club de amigos. Contenido interesante, atractivo, "trucos" y claves resumidas sobre la base de la experiencia personal, y, sobre todo, de la puesta en práctica de, las enseñanzas de Kiyosaki, pueden ser de interés.

c) ¿Tienen una buena base de datos de quienes visitan el sitio? Esto puede lograr se a partir de formularios de suscripción aun boletín mensual de novedades con al menos un artículo de interés; y, como contraprestación, algún estímulo adicional: por ejemplo, acuerdos con la editorial local de los libros del autor, para obsequiar "x" cantidad de ejemplares.

d) ¿Acceden a información privilegiada del autor? Kiyosaki tiene su propia empresa de capacitación, y uno de sus fuertes es expandir su producto a través de subproductos para distintos targets. Quizás ustedes accedan a toda o parte de dicha información, por lo cual sería recomendable que puedan contar con su autorización para utilizarla como contenidos en su sitio de Internet, y en el diseño y armado de aquel Newsletter.

e) ¿Qué tal un Campeonato Nacional de Cashflow?
Podría iniciarse con una videoconferencia de Robert Kiyosaki dando claves para el juego, y se desarrollaría en un espacio amplio, convenientemente adaptado para la dinámica del juego.

f) ¿Capacitación complementaria en temas relacionados con el espíritu del juego? Hay muchos coachs y entrenadores que brindan distinto tipo de capacitaciones que se relacionan, en forma directa o indirecta, con el espíritu del mensaje del autor. Organizar una serie de conferencias y talleres con especialistas puede ser otra clave para seguir expandiéndose.

g) Información para la prensa: cualquier acción pública, sobre todo si es gratuita, o tiene un valor accesible al público en general, es de potencial interés periodístico. Por lo cual es recomendable que vayan confeccionando una buena base de datos de contactos de prensa, a los que les pueda interesar su actividad; y mantenerlos al tanto periódicamente con sus noticias.

h) Foros de discusión vía Internet: encuentros virtuales, más allá del encuentro personal. Esto les permitirá expandir su red de contactos a través de la red de redes, y acceder a grupos de afinidad más allá de su ciudad y país. Hay millones de personas alrededor del mundo que podrían interesarse en estar en contacto con ustedes. ¡La expansión no tiene límites cuando el enfoque es claro!

i) Cashflow para chicos: ¿qué tal generar actividades en los colegios de sus hijos, sobrinos o nietos? Partiendo de la base filosofal del primer libro del autor, quizás puedan considerar ésta como una buena idea para expandir y desarrollar un programa mensual donde los chicos accedan a este tipo de aprendizajes. A la vez, ustedes se nutrirán de la sabiduría natural que suelen tener los más pequeños. Y nuestro "niño interno" se sentirá regocijado de jugar y divertirse, a la vez que destraba -quizás- viejos patrones sobre la abundancia y el dinero.

j) Finalmente: en cada evento público que organicen, es importante que distribuyan un Newsletter impreso a cada participante, con información relevante sobre Cashflow, su grupo, su sitio de Internet, las vías de contacto y las múltiples formas de interactuar en grupo: todos saldrán beneficiados.

Muchos de los que fracasaron son personas que se rindieron justo cuando estaban por alcanzar el objetivo.

Thomas Alva Edison,
Creador de la lamparita eléctrica

PLAN DE ACCIÓN

Ideas y próximos pasos:

641. Aproveche su sitio de Internet para expandir su red de contactos. Establezcan alianzas con otros clubes de todo el mundo, para generar replicación y tráfico.

642. Cree redes virtuales de personas interesadas en una misma temática.

643. Actualice semanalmente su sitio

644. Coloque regularmente nuevos contenidos en su página web

645. No se limite sólo a contenidos de la temática de su negocio

646. Muestre en su página web "trucos" y claves basadas en su experiencia personal.

647. Utilice contenidos audiovisuales en su web.

648. Elabore un boletín mensual de novedades.

649. Incluya al menos un artículo de interés en cada boletín

650. Distribuya newsletters impresos en cada evento que organicen

651. Consiga beneficios o descuentos para sus clientes

652. Piense en obsequios para íidelizar sus clientes

653. Esfuércese para lograr información privilegiada para sus lectores.

654. Elabore estrategias de expansión a nivel nacional

655. Ofrezca capacitación complementaria en temas relacionados con el espíritu del juego

656. Organice conferencias y talleres con especialistas

657. Recurra a coachs y entrenadores de liderazgo profesional y organización del tiempo

658. Cree una buena base de datos de contactos de prensa.

659. Mantenga a sus contactos de prensa al tanto con sus noticias.

60. Genere foros de discusión vía Internet.

> *Yo quiero que la gente sepa que tienen el poder y la capacidad para tener todo el dinero que deseen... si lo desean. Y ese poder no se encuentra en el dinero. El poder no se encuentra fuera de ellos. El poder se encuentra en sus ideas. No tiene que ver con el dinero, sino con el poder... El poder de sus ideas.*
>
> **Robert Kiyosaki**
> Autor de "Padre rico, Padre pobre"

Cómo tener más empresas como clientes

El caso de
una pequeña imprenta
que quiere acceder
al mercado corporativo

DESAFÍO

Nuestro protagonista tiene una imprenta desde hace un año y medio. No consigue entrar como proveedor en las empresas, por chicas que éstas sean. Su forma de buscar clientes es personalizada, puerta a puerta en los locales. Se presenta con un volante o con alguna promoción. Y en las empresas logra llegar hasta la recepcionista, a la que le deja un sobre cerrado para el departamento de compras con información sobre los trabajos que hace, dirección, e-mail, página web, etcétera. Pero este hombre de negocios necesita ir más allá. ¿Cómo puede promocionar mejor su negocio, y cerrar más ventas?

RESPUESTA

Uno de los mayores desafíos es poner en marcha nuestras empresas, haciéndolas funcionar, y que sean rentables. Aquí van algunas sugerencias:

1) Por el tipo de producto que usted promueve, como bien señala, uno de los destinatarios es el departamento de compras... aunque no el único. Es conveniente que prepare presentaciones individuales, personalizadas, para cada público que desea contactar. Es cierto que el tramo final de contrataciones en una empresa suele ser "compras", aunque en empresas medianas y grandes, los primeros pasos suelen pasar por los departamentos de marketing (o comerciales, según el caso). En este sentido: ¿conoce usted quién es quién en esa empresa con la que desea trabajar? ¿Sabe su nombre y apellido? ¿Cuántos años tiene? ¿Trabajan con algún proveedor desde hace años? ¿Qué tipo de materiales imprimen? Estas preguntas son claves para elaborar propuestas "a medida", lo cual le dará, inevitablemente, una gran ventaja competitiva.

2) ¿Cómo relevar esa información? Los websites son sumamente útiles. Aunque también puede suscribirse a sus newsletters, mirar las guías telefónicas para ver cuántas líneas de teléfono fijo tienen -lo cual le dará una pauta de la dimensión de negocio en el que se mueven-; incluso quizás publiquen avisos en esas secciones. ¿Hacen publicidad? ¿En qué medios? ¿Cómo es el diseño gráfico de esos avisos? Usualmente, una empresa utiliza diseños parecidos en folletos, flyers, calcomanías y papelería comercial. ¡Allí tiene una clave importante de información estratégica para preparar su propuesta!

3) Arme su base de datos: quizás volantear y tocar timbres es una estrategia apropiada, aunque si no está consiguiendo las metas deseadas, tal vez deba considerar pasar al "Plan B". Es decir, cambiar la estrategia. Detecte las empresas del nicho al que le gustaría contactar. Busque información en todas las fuentes posibles. Pida datos a sus propios amigos y conocidos: se sorprenderá con la cantidad de gente que quiere ayudarle a desarrollar su negocio. Luego, conozca a fondo esos prospects (potenciales clientes), y recién entonces prepare las propuestas. Escriba una excelente carta de presentación, sobre papel e impresiones de membrete de excelente calidad. Ese primer impacto, en su negocio como en cualquier otro, es determinante del éxito de la gestión.

4) ¿Puede garantizar entregas en tiempo y forma? Uno de los problemas detonantes del quiebre de la relación comercial entre una imprenta y sus empresas clientes, es la falla en el cumplimiento de los plazos de entrega. ¿Usted puede asegurar cumplirlo con un 100% de garantía? De ser así, ¿no podría crear un "Certificado del 50% de descuento sobre el valor total", ante la demora en la entrega? Esta acción, que puede parecer agresiva ante la competencia, para usted sumaría un valor agregado importante: usted está tan seguro de su negocio y excelencia profesional, que es capaz de resignar el 50% de su ingreso, para que: a) Conozcan su producto y empresa, y, b) Dar la certeza de que hará todo lo que esté a su alcance para cumplir los plazos estipulados. Por supuesto que en su ecuación de estructura de costos deberá considerar esto, desde los números, insumos, etcétera. Sin embargo, recuerde que no es sólo un análisis productivo, sino que está invirtiendo en darse a conocer.

5) Contacte a las secretarias ejecutivas de las empresas: más allá de las recepcionistas, las asistentes son sumamente influyentes, y se encargan de canalizar los impresos (por ejemplo, reimpresión de tarjetas personales). Algo pequeño como esto, puede abrirle grandes puertas a futuro, si usted cumple los plazos, la calidad y va estableciendo vínculos personalizados tan necesarios para captar y fidelizar al cliente.

6) Haga seguimiento de la competencia directa e indirecta: conozca cómo hacen los más grandes del sector; releve información en Internet; prográmese alertas de noticias en la web sobre aquellas empresas relacionadas con su sector: sabrá por dónde se van moviendo, cómo se comunican, qué tecnología están aplicando. Así, podrá ir tomando elementos de base para hacer crecer su negocio.

7) Contacte estudios de diseño gráfico: hay decenas de diseñadores independientes que permanentemente trabajan con imprentas de todo tipo. Establezca un vínculo profesional con ellos; ofrézcales buenas comisiones ante trabajos que le deriven, y así, en una relación ganar = ganar, todos salen beneficiados. De este modo, se asegurará un buen flujo de trabajos todo el año.

8) Recuerde hacer su plan de negocios. Un plan realista, con metas alcanzables y medibles, es una herramienta fundamental para desarrollar su empresa. Los asesores financieros y otros especialistas podrán asistirlo en la tarea. No deje de lado este aspecto, sobre todo en un mercado donde los costos de insumos se cotizan a valor dólar, y van cambiando día a día.

Recuerde que "La peor idea es aquella que no se pone en práctica" Por lo tanto, la excelencia es un hábito que podemos desarrollar día a día.

PLAN DE ACCIÓN

Ideas y próximos pasos:

661. Prepare presentaciones individuales y personalizadas

662. Segmente las presentaciones para cada público que desea contactar

663. Recuerde que no siempre es recomendable llegar directamente al área de compras

664. Conozca acerca de la empresa a la cual le ofrecerá sus productos

665. Sepa qué tipo de materiales imprimen

666. Averigüe acerca de los decisores de compra en las potenciales empresas clientes

667. Recuerde que la información es una gran ventaja competitiva

668. Use los websites de las empresas para ver información clave para su propuesta

669. Suscríbase a los newsletters de sus potenciales clientes

670. Si su estrategia no está dando los resultados esperados es tiempo de pasar al "Plan B"

671. Detecte las empresas del nicho al que le gustaría contactar

672. Escriba una carta de presentación sobre papel e impresiones de excelente calidad

673. Asegure con un 100% de garantía los plazos de entrega

674. Cree un "Certificado del 50% de descuento" si se producen demoras en la entrega

675. Contacte a las secretarias ejecutivas de las empresas

676. Sepa que un trabajo pequeño puede abrirle grandes puertas a futuro

677. Haga seguimiento de la competencia directa e indirecta

678. Contacte estudios de diseño gráfico

679. No olvide a los diseñadores independientes que trabajan con imprentas de todo tipo

680. Haga un plan de negocios realista con metas alcanzables y medibles.

Cómo hacerse conocido en un mercado con mucha competencia

El caso de un emprendimiento de ropa para chicos

DESAFÍO

El emprendedor ha lanzado una marca de indumentaria infantil de 2 a 10 años con una baja inversión, pero con una propuesta moderna y de muy buena calidad. La idea es vender a locales multimarca. Se necesita primero hacer que la ropa se conozca, y luego se la demande por la calidad, el diseño original y un precio accesible. El empresario desea saber cómo puede lograr el reconocimiento y expandir su marca con estrategias de promoción y comunicación.

RESPUESTA

En un segmento muy competitivo, hay que diferenciarse y encarar, con determinación y audacia, el proceso de expansión. Aquí van algunas sugerencias:

1) ¿Analizó suficientemente el segmento en el que usted se mueve? El de ropa infantil es un mercado muy competitivo, con marcas líderes que realizan inversiones muy importantes en locales, promoción, publicidad y relaciones públicas. Por lo tanto, el verdadero diferencial de su producto, debería estar muy centrado en sumarle valor al producto para construir la marca, en ese orden.

2) ¿Cómo puede sumarle valor al producto? Para el rubro indumentaria, no sólo es importante la calidad, sino también aspectos más sutiles -y que funcionan de forma casi subliminal-

como la exhibición de las prendas, texturas, colores, etiquetados, packaging especial, packs especiales y promociones para fechas claves, por ejemplo, las Fiestas o el Día del Niño. ¿Ha cuidado esos detalles?

Independientemente de que usted esté distribuyendo su producto en locales multimarca, es aconsejable que siga muy de cerca cómo la exhiben en las estanterías, qué cartelería (diseñada y provista por usted) están aplicando, cómo son las etiquetas y la folletería que se puede incluir en cada compra que realiza un cliente. Y también, cómo están entrenados los vendedores acerca de su producto.

3) ¿Buen costo o buen valor? Hay una diferencia, sutil, aunque diferencia al fin, entre ambas palabras. Es mejor que, de ahora en más, cada vez que hable del precio de su producto en todo tipo de comunicación (con sus distribuidores, clientes, anuncios de publicidad y acciones de relaciones pública.), se enfoque en hablar de un buen valor y una buena relación de calidad-valor del producto.

4) Material POP (Point Of Purchase, material publicitario en el punto de venta): es el material que usted colocará en las estanterías de los locales multimarca, para distinguir su producto. Puede ser cartelería hecha en materiales livianos (como foam-board, acrílicos, y otros; los hay de distintos espesores y densidades). Lo importante es que tenga en cuenta hacer un tratamiento profesional de las imágenes, cartelería, fotografía, packaging (por ejemplo cajas o bolsas para los clientes). Empresas de diseño profesionales podrán asesorarlo al respecto, ya que de esta manera, usted irá construyendo imagen de marca desde la identidad visual de su proyecto.

5) ¿Tiene un website? Puede diseñar una página web con fácil acceso, un nombre fácilmente recordable, y ofrecer su producto para expandir su red de puntos de venta. A la vez, estará creciendo en branding (conocimiento y posicionamiento de la marca) ante los potenciales consumidores. Puede hacer un website con el nombre de su marca, y otros dominios (nombres de registro en Internet) con frases acordes a su producto; los que, a su vez, estarán linkeados (ligados, derivados, redireccionados) a su web principal. La intención es que en poco tiempo usted obtenga un posicionamiento rápido y efectivo en buscadores, cada vez que alguien tipee "ropa para chicos". Sugerencia: no muestre sólo producto. Ponga contenido en su sitio web. Puede escribir semanalmente artículos sobre tendencias, colores, diseños, texturas, lo que se viene, lo que se usa en el exterior, los diferenciales de su confección, y cualquier otro aspecto destacable que sume valor a su proyecto.

6) ¿En qué bolsa su cliente se lleva su producto del local multimarca? Lo ideal es que acuerde proveerles de bolsas con su marca y la marca de su punto de venta, con viviendo en un diseño original, divertido, y perdurable en la mente del consumidor.

7) Entrene a los vendedores de los puntos de venta: difícilmente recomendarán su ropa si no conocen todos los detalles de confección, y si no tiene algún tipo de estímulo con ellos, por ejemplo, estar presente con un regalo cada vez que los visita. Este relacionamiento uno a uno le traerá muchos beneficios, sobre todo cuando necesita expandir su negocio y sostenerlo en el tiempo, no sólo con los locales multimarca, que podrá conservar aun después de inaugurar su propio local.

El proceso de emprender es un continuo aprendizaje. Esto implica que pasará por muchas pruebas de ensayo y error, hasta encaminarse a los logros que están al final del camino, con persistencia y claridad en sus metas.

Para emprender con éxito se necesita, de grandes ideas. El camino no es fácil pues se necesita contar con un equipo de gente apasionada por su trabajo y con el mismo sueno de emprender.

Salim Ismail
Director de Singularity University - Silicon Valley

PLAN DE ACCIÓN

Ideas y próximos pasos:

681. Indague, investigue acerca de su mercado

682. Sepa que su verdadero diferencial debería estar centrado en sumarle valor al producto

683. Construya su marca en torno a su diferencial

684. Cuide aspectos sutiles, casi subliminales, como la exhibición de las prendas

685. Preste atención a sus texturas, colores, etiquetados, packaging, etcétera

686. Realice packs especiales y promociones para fechas claves

687. Siga muy de cerca cómo muestran sus productos en las estanterías

688. Entregue cartelería diseñada y provista por usted

689. Incluya folletería en cada compra que realiza un cliente

690. Hable del "buen valor" de su producto más que de "buen costo"

691. Distinga sus productos en las estanterías con material POP

692. Haga un tratamiento profesional de las imágenes, cartelería, fotografía y packaging

693. Maneje su imagen corporativa siempre con un diseño profesionales

694. Tenga una web con fácil acceso y un nombre fácilmente recordable

695. No muestre sólo producto, ponga contenido en su web

696. Implemente otros dominios Internet linkeados a su web principal

697. Escriba artículos sobre tendencias, colores, diseños, texturas y lo que se usa en el exterior, por ejemplo

698. Provea de bolsas con su marca y la marca de su punto de venta

699. Entrene a los vendedores de los puntos de venta

700. Mantenga un relacionamiento uno a uno con los vendedores de los puntos de venta.

¿Cuál es el secreto del éxito empresarial?
Escuchar a los clientes y darles la mejor respuesta a un precio que atractivo para ellos y rentable para el negocio parezca una cuestión de sentido común, muchos empresarios no escuchan lo que sus clientes quieren y necesitan.

Spencer Johnson
Autor del libro "¿Quién se ha llevado mi queso"

Cómo captar nuevos distribuidores

El caso de una empresa que vende equipos de informática

DESAFÍO

La persona que consulta acaba de integrarse a una empresa comercializadora donde se vende todo lo relacionado a computación: monitores, impresoras, cámaras digitales, maletas y estuches para notebooks, memorias, entre otros productos. La intención es atraer a emprendedores o clientes nuevos, y que se transformen en sus distribuidores; que comiencen comprando un combo de varios productos que la empresa tiene en stock por un valor mínimo total de unos 1500 dólares, y luego, los irán motivando a incorporar otros insumos de menos salida. ¿Qué se puede hacer al respecto desde la promoción y la comunicación?

RESPUESTA

Seguramente, comenzar con algo nuevo trae energía, entusiasmo, expansión, desafíos (que siempre son útiles para aprender) y posibilidades de negocios. Como opera en un segmento muy competitivo, hace falta diferenciarse y establecer un programa de promoción y comunicación profesional, para lograr los resultados. Aquí van algunos consejos:

a) ¿Cuál es su ventaja diferencial? Este punto es central en el diseño de su plan de negocios. ¿Qué lo distingue? ¿Por qué la gente debe comprarle a usted, y no a sus competidores? ¿Cuál es la estructura con la que cuenta para satisfacer la demanda en tiempo y forma?

b) Plan de negocios: navegando en Internet (en sitios para emprendedores, entrepreneurs, pequeñas y medianas empresas), encontrará mucha información de casos donde emprendimientos que podrían haber sido muy exitosos, han quedado en la nada por no tener diseñado un plan de negocios. Sus asesores contables y financieros podrán orientarlo sobre cómo armar un plan de negocios que es, ni más ni menos, la brújula estratégica de su negocio. Busque y contrate los mejores profesionales.

Un plan de negocios que es, ni mas ni menos la brújula estratégica de su negocio.

c) Promoción: ¿cuáles son los canales de promoción que está implementando para promover su negocio? ¿Tiene un website? ¿Ha creado un boletín de novedades con contenido para posibles compradores (prospects)? ¿Está creando estrategias novedosas desde el marketing para seducir a los clientes? Estos aspectos son clave para que pueda despegar su emprendimiento.

Si la respuesta es "No" a, por lo menos, una de las preguntas anteriores, es recomendable que se ponga en marcha. ¿Cómo hacerlo? Aquí van algunas sugerencias.

1) Análisis F.O.D.A.: el F.O.D.A. es una herramienta de análisis que proviene del marketing (Fortalezas - Oportunidades -Debilidades - Amenazas). Tómese un buen tiempo para reflexionar sobre cada uno de estos aspectos, aplicados a su emprendimiento. Escríbalos, no los memorice o haga de esto un proceso mental. Haga un cuadrante en un papel, y coloque los atributos que correspondan a cada segmento del F.O.D.A. La síntesis final es que obtendrá valiosa información sobre los próximos pasos para consolidar "esa parte" de su negocio.

2) Promoción: puede crear un sistema que le permita captar la atención de sus posibles clientes. Por ejemplo, consiga un producto especial, único, que casi nadie ofrezca en su zona, y entréguelo gratuitamente dependiendo de los volúmenes de compra. Esto le permitirá crear una corriente de atracción de sus consumidores, lo cual puede determinar que, con el tiempo, fidelice ventas.

3) Otro aspecto importante es la identidad de su negocio. Se necesita ser muy creativo para que su website, newsletter y demás piezas de comunicación (como su identidad corporativa, logotipo, etiquetas, packaging, papelería y tarjetas personales) sean verdaderamente atractivas y, de alguna manera, "inolvidables" en la mente del consumidor.

4) Genere contenidos. Ofrézcale contenido con notas de interés, artículos sobre "lo nuevo que se viene' (... y que usted les ofrecerá en poco tiempo). Hoy no alcanza con enviar una foto y un folleto con una ficha técnica de una nueva tecnología: a la gente le gusta saber más, y, sobre todo, para qué puede utilizarla.

5) Cree vínculos personalizados: visite a sus clientes; releve sus fechas de cumpleaños y aniversarios especiales, los nombres de sus familiares, sus clubes deportivos de los que son fanáticos: así podrá saludarlos en cada ocasión, y establecer comunicaciones "uno a uno" con mayor empatía.

6) Invítelos a un seminario de actualización profesional (con un buen desayuno, almuerzo o cocktail complementario). Usted puede lograr que muchas marcas a las que les compra productos financien esta actividad en lo que se denomina "cobranding" (acción de marca compartida). Y, a la vez, brinda un contenido diferente y exclusivo.

7) Cree una "hotline": a sus clientes preferentes, puede enviarles una promoción especial con un número especial de teléfono (a modo de "teléfono rojo") donde recibirán atención privilegiada. Esto es: hágalos sentir importantes.

Quien emprende, también emprende una búsqueda de libertad e independencia. Es una persona optimista y soñador con una visión clara de hacia dónde puede y quiere llevar su futuro y el de su compañía.

Andy Freiré
Emprendedor.
Creador de Officenet y manager de su compañía Axialent

PLAN DE ACCIÓN

Ideas y próximos pasos:

701. Destaque su ventaja diferencial

702. Busque comunicar porqué deben comprarle a usted y no a sus competidores

703. Asegúrese de contar con la estructura para satisfacer la demanda en tiempo y forma

704. Cree un boletín de novedades con contenido para posibles compradores

705. Aplique estrategias novedosas desde el marketing para seducir a los clientes

706. Haga un análisis F.O.D.A de su empresa

707. Plasme los resultados del F.O.D.A por escrito

708. Tómese el tiempo para reflexionar sobre el F.O.D.A. aplicado a su empresa

709. Desarrolle un sistema que le permita captar la atención de posibles clientes

710. Consiga un producto especial, único, que casi nadie ofrezca en su zona

711. Entregue gratuitamente un producto especial dependiendo de los volúmenes de compra

712. Sea creativo al crear websites, newsletters y demás piezas de comunicación

713. Genere contenidos

714. Ofrezca contenidos con artículos sobre "lo nuevo que se viene"

715. Cree vínculos personalizados

716. Visite a sus clientes

717. Invite a sus clientes a un seminario de actualización profesional

718. Brinde un buen desayuno, almuerzo o cocktail complementario

719. Negocie con marcas (a las que les compra producto) que financien esta actividad

720. Impulse tácticas de "co-branding".

La habilidad de aprender más rápido que la competencia, es quizá la única ventaja, competitiva sostenible que una empresa puede tener.

Arie de Geus
Ejecutivo de Shell

Como mejorar la comunicación con potenciales clientes

El caso de un estudio creativo publicitario

DESAFÍO

El consultante hace siete meses rediseñó la página web de su estudio de creatividad publicitaria, que ya posee cierta trayectoria. Puso en marcha, como estrategia de promoción, el envío periódico de un newsletter a una base de datos de casi 700 empresas, entre clientes actuales y potenciales, mayormente del sector agropecuario.

La idea es que cada envío no demande más de cinco minutos de lectura, y que en el cuerpo del texto figura la dirección de la página web, por si alguien siente curiosidad de visitarla y de contactarse.

Si bien la página está registrando un promedio de 18 visitas mensuales, no ha logrado el feedback deseado. Hasta ahora, ningún prospect (posible cliente) se ha contactado con el estudio para conocerlos. ¿Qué puede hacer para mejorar la eficacia de este medio de promoción para el estudio?

RESPUESTA

La mayoría de las veces hacemos todo, y más, y aun así no logramos saber por qué no obtenemos el resultado esperado. Aquí van algunas sugerencias adicionales que, quizás, le interese considerar:

a) Newsletter: el consultante comenta que realiza un newsletter a la base de datos de casi 700 empresas de un mismo sector. La oportunidad está en ir confeccionando bases de datos de los contactos estratégicos (es decir, aquellos con poder de decisión) de otros sectores. Es un proceso continuo que, en el tiempo, puede traer ventajas a la hora de ofrecer sus servicios.

b) Suba sus newsletters al website: esto le dará un mayor caudal de visitas, ya que al agregar contenido, los buscadores podrán mejorar aun más su presencia en los mismos.

c) Dé la cara en su website. Por lo general, la gente quiere ver a sus interlocutores, conocer su experiencia, quiénes son, y así, potenciar el efecto de un primer rapport hacia la creación del vínculo comercial que desea establecer.

d) Participe en eventos del sector: concurrir a ferias, exposiciones, cocktails y entregas de premios forma parte del trabajo de captación de clientes.

e) Incluya testimoniales de clientes que han trabajado con usted. En el website, en portfolios de soportes como CD's y DVD's, y en folletos y carpetas institucionales, esto puede constituirse en un elemento de gran valor.

f) Brinde charlas en universidades: estar presente en este "semillero" permite ayudarlo a construir una imagen sólida a través del tiempo.

g) Busque redes de contactos: ¿quiénes pueden ser "socios estratégicos" que cuenten con los servicios de su empresa, para que le tercericen trabajos de su especialidad?

h) Capacítese en ventas: ¿Le resulta sencilla una reunión de negocios? ¿Considera que tiene todas las habilidades necesarias para vender su producto? ¿Se siente seguro y confiado cada vez que afronta estas situaciones? Si hay al menos un "no" como respuesta a estas preguntas, hay una oportunidad de mejora.

i) Suscríbase a newsletters de la competencia: ¿cómo comunican y venden sus servicios las empresas competidoras? Puede haber información estratégica interesante al hacer un seguimiento. Hay potentes herramientas de búsqueda, disponibles en forma gratuita en la web.

j) Indague en el exterior: ¿cómo lo hacen en otros países? ¿Cómo venden sus servicios? ¿Cuál es el lenguaje que utilizan? ¿Qué presencia tienen en redes sociales y cómo la capitalizan desde lo comercial? Son elementos que pueden contribuir, y en mucho, al crecimiento de su negocio.

k) Sea paciente: el reposicionamiento de su empresa puede llevar entre uno a tres años. Mientras tanto, la clave es mantenerse enfocado en el resultado deseado, y ser muy activo en las iniciativas.

PLAN DE ACCIÓN

Ideas y próximos pasos:

721. Incluya currículums breves de los miembros de la empresa dentro de la solapa "Quienes somos" de su web

722. Coloque una foto profesional de cada uno de los miembros de la empresa

723. Procure tener un acercamiento más personal

724. Desarrolle brevemente cada ítem de los servicios que ofrecen

725. Realice una base de datos de los contactos estratégicos (aquellos con poder de decisión)

726. Suba sus newsletters al website

727. Organice capacitaciones sobre temas de su especialidad

728. Busque temas atractivos para captar la atención de estos prospects

729. Utilice los encuentros "de capacitación" como encuentros "de relacionamiento"

730. Recuerde que concurrir a ferias, exposiciones y cocktails forma parte de la captación de clientes

731. Incluya testimoniales de clientes que han trabajado con ustedes

732. Dedique un tiempo a transmitir lo que usted sabe

733. Póngase en lugar de sus potenciales clientes

734. Brinde charlas en universidades y facultades

735. Busque redes de contactos

736. Capacítese en ventas

737. Adquiera las habilidades para enfrentar una reunión de negocios

738. Suscríbase a newsletters de la competencia

739. Analice cómo comunican y venden sus servicios las empresas competidoras

740. Sea paciente: el reposicionamiento de su empresa puede llevar entre uno a tres años.

LA PAUSA

CUERDAS

Cuentan que un alpinista, desesperado por conquistar una alta montaña, inició su travesía después de años de preparación. Como quería la gloria para él solo, subió sin compañeros.

Empezó a escalar, y se le fue haciendo tarde, y cada vez más tarde, hasta que oscureció. La noche cayó con gran pesadez en la altura de la montaña, ya no se podía ver absolutamente nada. Todo era negro; no había luna y las estrellas estaban cubiertas por las nubes.

Subiendo por un acantilado, se resbaló y se desplomó por los aires. Caía a una velocidad vertiginosa. Sólo podía sentir la terrible sensación de ser succionado por la gravedad.

Seguía cayendo y cayendo; y, en ese momento, pasaron por su mente todos sus gratos y no tan gratos momentos de la vida. El pensaba que iba a morir. Pero, de repente, sintió un tirón muy fuerte que casi lo parte en dos. Estaba amarrado a su cuerda de seguridad

En esos momentos de quietud, suspendido por los aires, no le quedó más que gritar:

—¡Ayúdame Dios mío!

De repente una voz grave y profunda de los cielos le contestó:

—¿Qué quieres que haga?

—Sálvame Dios mío.

—¿Realmente crees que te pueda salvar?

—Por supuesto Señor.

—Entonces corta la cuerda que te sostiene.

Hubo un momento de silencio y quietud. El hombre se aferró más a la cuerda y se quedó reflexionando.

Cuenta el equipo de rescate que al otro día, encontraron colgado a un alpinista congelado, muerto, agarrado con fuerza, con las manos a una cuerda... ¡a tan sólo dos metros del suelo!.

Y vos ¿qué tan aferrado estás a tu cuerda?

Cómo refundar un emprendimiento

El caso de una firma dedicada a los regalos empresariales

DESAFÍO

La consulta surge por parte de los titulares de una pequeña empresa dedicada a la fabricación y distribución de artículos promocionales para empresas (regalos empresariales). Hasta ahora, crecieron gracias al "boca a boca" ya que poseen un capital importante que es la calidad y el respeto por los compromisos asumidos, así como un buen precio y cumplimiento de los tiempos de entrega, entre otros aspectos.

Ahora tienen necesidad de seguir creciendo, y no saben si hacerlo a través de publicidad, acciones promocionales, prensa o una combinación de estas herramientas.

RESPUESTA

El emprendimiento está en un momento óptimo para seguir desarrollándose. Apoyarse en las herramientas de comunicación es una de las estrategias de evolución más apropiadas para lograrlo.

El segmento en el que se desenvuelven, regalos empresariales, tiene una diversidad de alternativas y oportunidades. Hay proveedores de soluciones de todo tipo: desde mayoristas e importadores que salen al ruedo a ofrecer directamente su producto, hasta revendedores, gente que se ha volcado a esta actividad en sus tiempos libres... y los profesionales.

Los atributos de calidad y el respeto por los compromisos son fundamentales para fidelizar y consolidar a su cartera de clientes actual, y captar a la potencial.

Por otro lado, el proceso en el que se produce el cierre de ventas depende, en gran parte, de los tiempos de los clientes: no siempre la toma de decisiones es inmediata, y con frecuencia, esta tarea es consensuada entre varios miembros de una empresa, por lo cual los tiempos se dilatan. Como contrapartida, sucede que, una vez que probaron un proveedor que cumplió con las expectativas, ante cualquier urgencia el cliente suele recurrir casi siempre al mismo, sin permitirse la posibilidad de evaluar otras opciones. Suele haber cierto principio de lealtad y continuidad si logra establecer un buen vínculo.

En este contexto, la comunicación fluida es una primera clave para estar presente en sus clientes actuales y potenciales. Ahora bien: ¿cómo lograrlo? ¿Cómo diseñar una estrategia de comunicación no invasiva, y que, a la vez, permita a su empresa estar entre las primeras opciones de compra en próximas ocasiones? Aquí van algunas sugerencias:

Publicidad: puede detectar cuáles son las secciones en diarios y las revistas clave que lee el público al que desea llegar; realizar una pauta en dichos medios (incluso puede ser por canje, entregándoles merchandising para esa publicación). Probablemente obtengan un muy buen resultado si se realiza un mensaje que incluya sampling (muestras) de algún producto. Así, el lector/posible cliente tendrá la experiencia directa no sólo de ver su mensaje, sino de probarlo y tocarlo.

Promociones: Contacte a las secretarias ejecutivas de empresas de primera línea. Hay algunas publicaciones especializadas en este público, y eventos de distintas características dirigidos a ellas. Es un público interesante para vincularse, porque en muchas ocasiones son las que terminan definiendo las compras.

Marketing promocional: Pueden relevar los contactos estratégicos en cada una de las empresas a las que les interesa llegar (por ejemplo, los ejecutivos de marketing, publicidad y departamentos de compra) y realizar cada tres meses una acción específica con ellos, enviándoles un obsequio con un mensaje especial. Es altamente probable que reciban un agradecimiento vía e-mail o por teléfono, lo cual constituye una excelente oportunidad de establecer un contacto personalizado.

Website: para su empresa, es de fundamental importancia contar con un soporte en Internet permanentemente actualizado, con distintas posibilidades para ver los productos, elegir, armar kits de acuerdo a los presupuestos que el cliente tenga disponible mediante un "simulador de kits", y hasta efectuar pedidos online.

Prensa: en el tomo 3 de esta colección se desarrolla específicamente el tema CÓMO HACER PRENSA. Como un anticipo, la herramienta de comunicación periodística puede transformarse en clave para difundir sus productos y servicios. Por ejemplo, en ciertos medios afines al target al que quieran llegar, estarán deseosos de recibir sus novedades redactadas de manera periodística. ¿Qué temas son noticia? Aquellos que presentan una innovación respecto a lo ya conocido, y que tienen una ventaja diferencial que aporta un beneficio para distintos públicos. Algunas ideas: elementos de merchandising y regalos empresarios que incluyan desarrollos tecnológicos novedosos; productos de uso cotidiano que, ahora, se adaptan como regalos empresarios (como por ejemplo, crear una línea de reproductores de audio y video, que contengan varios temas musicales seleccionados de acuerdo al gusto de cada uno de los destinatarios de dichos regalos).

Un packing moderno atractivo altamente diferencial, es fundamental para poder vender mejor sus productos

Otros aspectos que pueden ser de interés:

Cuidar el packaging: un desarrollo moderno, atractivo, altamente diferencial, es fundamental para poder vender mejor sus productos.

Editar un catálogo impreso: además del website, se requiere que destinen un porcentaje de su facturación para armar un catálogo semestral de productos, y distribuirlo entre sus clientes actuales y potenciales. Recuerde que toda su comunicación debe tener coherencia y seguir la misma línea de diseño gráfico, lenguaje, etcétera. El mismo catálogo ofrézcalo en un archivo con formato pdf, desde su página web, y téngalo disponible para enviarlo por e-mail ante cualquier consulta. Todo por el mismo valor.

Crear un Newsletter bimestral: desde el website, el público visitante puede suscribirse para recibir su Newsletter bimestral. En este caso, es mejor centrarse en generar contenido, no en hacer simplemente ofertas de producto (y evitar así que su mensaje pase a ser uno de los miles de spams desechados cada día). Notas de interés, lo nuevo, qué está por salir al mercado, tendencias, eventos en los que han participado, pueden ser temas de interés para los destinatarios, que encontrarán en su boletín una fuente de noticias para mantenerse actualizados respecto de las tendencias sobre regalos empresariales.

Recuerde que el futuro pertenece a aquellas personas que ven las oportunidades antes de que se vuelvan obvias.

Encuentra ese atributo particular que te hace sentir vibrante y profundamente vivo, junto con una voz interior que te dice "esto es lo que eres" Cuando la escuches, síguela.

William James
Filósofo estadounidense

PLAN DE ACCIÓN

Ideas y próximos pasos:

741. Sepa que la comunicación fluida es una clave para estar presente en sus clientes actuales y potenciales

742. Realice una pauta publicitaria moderada en las tres revistas clave

743. No descarte el canje a cambio de la publicación

744. Practique un mensaje que incluya sampling (muestra) de algún producto

745. Sepa que el lector/posible cliente prefiere la experiencia de probar y tocar el producto

746. Contáctese con publicaciones especializadas en el sector

747. Entre en contacto con secretarias ejecutivas de empresas de primera línea

748. Releve los contactos estratégicos en cada una de las empresas a las que les interesa llegar

749. Aproveche las respuestas vía e-mail o teléfono para establecer contactos personalizados

750. Trate de hacer una acción específica con sus potenciales clientes cada tres meses

751. Cuente con un soporte en Internet permanentemente actualizado

752. Arme kits de acuerdo a los presupuestos que el cliente tenga disponible

753. Incluya un "simulador de kits" en su web

754. Recuerde que la comunicación periodística es otra clave para difundir sus servicios

755. Redacte de manera periodística contenidos para revistas de targets específicos

756. Sepa que todo tema que presente una innovación respecto a lo ya conocido puede ser noticia

757. Use un desarrollo moderno y atractivo en su packaging

758. Implemente un Newsletter bimestral

759. No se limite a mostrar sólo productos

760. Genere contenidos de impacto para su web y su Newsletter.

Cómo crecer en el canal de distribución

El caso de una fábrica de muebles de cocina e interiores de placard

DESAFÍO

El consultante tiene a su cargo el departamento de "Diseño y distribuidores" en una empresa de fabricación de cocinas e interiores de placards. Poseen seis locales propios y otros trece distribuidores en las provincias. El objetivo es la ampliación de puntos de distribución en el interior del país.

RESPUESTA

La diferenciación es un elemento clave en el proceso de comercialización y distribución de productos.

Dentro de los canales (la forma en que su producto llega a los consumidores), se requiere un trabajo dedicado, profundo, constante e innovador, aplicando diversas tácticas, no sólo comerciales -como promociones y bonificaciones, y las políticas de comisiones, entre otras- sino también de comunicación.

Aquí, las sugerencias:

1) Capacite a los distribuidores o posibles distribuidores: generalmente, muchas empresas consideran que al haber dado con un buen "gestor comercial" en distintos lugares del país, ya es suficiente. La oportunidad para mejorar es que se puede ser un muy buen representante comercial (tener contactos, haber trabajado con cierta cartera de clientes) pero no estar alineado ni capacitado respecto a la misión y visión de su empresa.

Por ejemplo, puede capacitarlos en temas básicos de diseño y decoración. El público cada vez es más exigente en estos aspectos, y, además del asesoramiento básico donde va un representante de ventas, releva la necesidad, toma las medidas y le muestra algún folleto, la gente necesita ver cómo quedará su placard, cocina o despensas en el espacio disponible.

En el caso de asesoramiento en comunicación a una importante cadena de pinturerías de alcance nacional, por ejemplo, se desarrolló una estrategia de comunicación basada en la psicología del color: cursos, talleres, asesoramiento a la fuerza de ventas, nociones de decoración y sus tendencias -que van cambiando cada año-, familiarización con términos de decoración y estilos, entre otros aspectos.

2) Cree imágenes de sus productos tal como los clientes quieren tenerlos: esto requerirá de un desarrollo en su web, y luego en las notebooks que utilicen los distribuidores. La idea es que en la visita personal se pueda recrear casi con exactitud cómo quedaría el trabajo terminado.

3) Establezca una política de calidad: esto implica no sólo un "sello de calidad" colocado en su web, sino, verdaderamente, un compromiso de la fábrica, los instaladores, los vendedores y toda la organización en el cumplimiento de los plazos y los presupuestos. Podría distinguirse de su competencia entregando, en el momento de la toma de un pedido concreto, un certificado de calidad y de fecha de entrega por parte de su empresa. ¡Sí, el departamento de producción ya se debe estar quejando por esto! Pero, aunque hay muchos factores que influyen en el proceso hasta concluir una obra, es importante que el cliente sepa de antemano el ciento por ciento de compromiso de su empresa para lograr su satisfacción. Esa es la verdadera diferencia.

4) Enseñe a sus distribuidores a detectar oportunidades de negocios cada vez que visitan la casa de un posible cliente: con la observación simple de los ambientes (living, dormitorios, placares) seguramente puedan sugerirle productos adicionales que su empresa ya podrá tener modulados y listos para entrega casi inmediata. Un vestidor en un rincón del cuarto de los chicos; un mueble que pueda integrar los artefactos electrónicos, módulos para la cocina listos para entregar, pueden ser posibles artículos que multipliquen sus ventas.

5) Lanzamiento anual: promueva el lanzamiento anual de colecciones que se van modernizando. Esto le dará el toque de innovación necesaria a su marca. Todo cambia (y más en estos tiempos). Además, al lanzar colecciones de nuevos estilos, generará excusas de comunicación para volver a tomar contacto con sus distribuidores, y con los clientes que desde hace algunos años no tienen relación con su empresa. Allí también residen las oportunidades de negocios: volver a venderles y actualizarles sus ambientes.

6) Logre asociaciones con proveedores complementarios: por ejemplo, retomando el concepto de la cadena de pinturerías, podrían hacer algún acuerdo que, al contratar determinados productos de su marca, ese cliente accede a una credencial o una orden con descuentos para la compra de pinturas para -también- renovar los ambientes.

7) Obsequie algún producto especial para sus clientes: una colección de perchas de madera lustrada, con diseño exclusivo de su empresa y su pequeño logo marcado a fuego, puede tener un bajo costo para ustedes, y un alto valor percibido si lo entregan en una gran caja, con un moño especial. A veces no hace falta hacer descuentos, sino darle un plus, el valor agregado, el toque diferente que su cliente no esperaba: ¡sorpréndalos!

8) Conozca las necesidades de sus distribuidores: releve cada tres meses qué opinan sobre el producto, los plazos de entrega, los precios, los materiales promocionales que ustedes les proveen. La idea es que se sientan cerca de su organización. Organice tours por su fábrica: establezca una política de visitas anual, donde se reunirán con los altos directivos de la empresa para intercambiar opiniones y relevar oportunidades de mejora. Desde el diseño, pueden surgir ideas valiosas a considerar para el futuro. Esto no quiere decir que todas serán puestas en práctica, pero es altamente probable que, luego de estos acercamientos, la fuerza de ventas salga estimulada a conquistar nuevos mercados.

9) Establezca una política de comunicación interna, tanto con sus empleados como con sus distribuidores. Por ejemplo, a través de newsletters con novedades sobre diseño (no siempre de su producto, sino en general), noticias sociales (cumpleaños, aniversarios, reconocimientos), entrega de un premio anual al distribuidor destacado, son algunos de los recursos de costo accesible y alto impacto que puede implementar de inmediato.

10) Participe en ferias y exposiciones de decoración: hay muchas no sólo en el ámbito de la ciudad de Buenos Aires y alrededores, sino en muchas plazas del interior. Arme espacios completos con su marca. Servirá para inspirar a los compradores creándoles la experiencia real acerca de cómo se verán los muebles en sus casas.

11) Relaciónese con estudios de arquitectura que están proyectando los nuevos edificios y ofrézcales equiparles sin costo los showrooms (departamentos u oficinas modelo) donde su marca aparezca mencionada no sólo allí, sino también en todos los folletos y la comunicación que harán de ese emprendimiento.

Estamos en una economía creativa. El valor ya no viene por el trabajo duro, sino por la creatividad.

Gary Hamel
Consultor en marcas

PLAN DE ACCIÓN

Ideas y próximos pasos:

761. Capacite a los distribuidores o posibles distribuidores

762. Alinee a su representante comercial con la misión y visión de su empresa

763. Cree imágenes de sus productos tal como los clientes quieren tenerlas

764. Coloque imágenes de sus productos en la web y note-books que utilicen los distribuidores

765. Recree para sus clientes casi con exactitud cómo quedaría el trabajo terminado

766. Establezca una política de calidad

767. Procure que sus clientes sepan del compromiso de su empresa para lograr su satisfacción

768. Enseñe a sus distribuidores a detectar oportunidades de negocios

769. Promueva el lanzamiento anual de colecciones que se van modernizando

770. Aproveche los lanzamientos de productos como excusas de comunicación para retomar contacto con sus distribuidores

771. Logre asociaciones con proveedores complementarios

772. Obsequie algún producto especial para sus clientes

773. Sepa que veces no hace falta hacer descuentos, sino darle un valor agregado que su cliente no espera

774. Conozca las necesidades de sus distribuidores

775. Entregue de un premio anual al distribuidor destacado

776. Organice tours por su fábrica

777. Establezca una política de visitas anual con altos directivos para intercambiar opiniones

778. Busque relevar oportunidades de mejora

779. Establezca una política de comunicación interna

780. Arme espacios con su marca en ferias y exposiciones.

Cómo promocionar un negocio destinado a coleccionistas

El caso de un vivero especializado en plantas exóticas

DESAFÍO

Un pequeño vivero especializado en plantas exóticas, como orquídeas, heliconias, cactus epifitos, stapelias y hoyas, entre otras, participa desde hace cinco años en exposiciones dedicadas a coleccionistas.

Además de contar con todo eso, el vivero también tiene lo más común como plantines de estación, macetas y tierra. La consulta es acerca de cómo puede darse a conocer a un nuevo público. No cuenta con dinero para publicidad a gran escala; por ahora -explican- el sector está parado (por cuestiones estacionales y por la crisis) y, como su negocio es muy pequeño, no tiene capacidad de ahorro. ¿Qué puede hacer?

RESPUESTA

Vamos al grano: ¿cómo comunicar en tiempo de crisis? Aquí van algunas sugerencias:

1) Analice su presencia en exposiciones: es necesario que realice un análisis minucioso sobre los resultados de su participación e inversión en las ferias y exposiciones, desde la primera vez en que estuvo hasta la más reciente, año por año, evento por evento. ¿Generó nuevos negocios? ¿Le trajo un resultado en términos de imagen? ¿Estableció contactos que pudo desarrollar comercialmente? ¿Recuperó la inversión?

¿O perdió dinero? Es muy importante analizar el resultado de cada acción que realice. Aquí tiene una primera tarea para realizar. Sobre la base de su análisis, evalúe la factibilidad de continuar en esta dinámica, o buscar alternativas.

2) ¿Tiene página web? Hoy puede tenerla gratis. Podrá mostrar hermosas fotografías de las plantas, subir artículos de interés para sus clientes actuales y potenciales, hacer ofertas estacionales y hasta vender online con entrega de domicilio. Quizás necesite asesoramiento de profesionales en la materia, aunque puede comenzar haciendo un blog, que usted mismo diseñe y lleve adelante. Recuerde que la gran clave para posicionarlo es el contenido y las "palabras claves" que utilice dentro del mismo. Hacerlo es muy sencillo, y sin costo, y estará un paso más adelante en sus procesos de comunicación.

3) ¿Tiene folletos y papelería institucional adecuada para su vivero? Su producto es esencialmente visual; deben contener lindas fotos de las plantas y las flores. Es una gran aspiración de muchos contar con alguna planta exótica en casa, por lo cual en este caso -a diferencia de El Princípito- "lo esencial debe ser visible a los ojos". Stickers, buenas bolsas, lindo papel para envolver, moños modernos con cintas de colores, tarjetas con su logo y espacios en blanco para dedicatorias, son parte del kit de mejora comunicacional que puede implementar.

4) ¿Cómo está diseñado su vivero? Y aquí van algunas consideraciones: ¿tiene buenas vidrieras? ¿Se luce el producto a la vista de la gente? ¿Tiene un buen cartel con el nombre del negocio y la página web en la puerta? ¿Tiene un lindo letrero de Abierto-Cerrado con los horarios de atención al público? En su producto, plantas exóticas, es muy importante crear una experiencia para el visitante. Los colores pueden sumarse a los aromas, a la decoración del lugar, a la música. Arme un rincón tipo living, con pufs, sillones y mesas bajas, una cascada con agua, revistas y libros sobre plantas exóticas y los artículos donde usted apareció en la prensa tanto local como nacional o cualquier otra cosa que considere interesante -como un álbum de fotos de plantas y flores-. La idea es conformar un ambiente tan especial, que la gente querrá permanecer allí y disfrutarlo. Costo: cero. Valor percibido: altísimo.

5) ¿Cómo presenta la información de las plantas y flores a los clientes? Este detalle es fundamental: muchos tienen la creencia de que tener estos productos requiere una pericia especial y cuidados extremos. Prepare un pequeño folleto, bien diseñado (acorde con la identidad corporativa y visual de su empresa) para cada producto. Coloque allí información básica sobre cuidados. Redáctelo en forma fácilmente comprensible (por ejemplo: Paso 1, Paso 2, etcétera.). Algo sencillo, aunque con cuidado diseño. Luego, cuélguelo de cada maceta. No olvide incluir siempre todos los datos de contacto (dirección, teléfonos, emails,website). Cada comprador debe ser un vocero espontáneo de su producto. Además, ese folleto con los cuidados de esa planta en particular, permanecerá por mucho tiempo con el comprador. Puede recurrir a impresiones caseras de buena calidad, o a una imprenta digital (hacen tirajes cortos sobre muy buenos papeles).

6) ¿Se contactó con las radios de la zona? Las emisoras de radio siempre están ávidas de contenidos. Ofrézcales hacer una columna semanal sobre jardinería en general y plantas exóticas en particular. Puede ir a un programa de la mañana o la tarde; hablar en vivo brevemente sobre cuidados, podas, plantas según las estaciones; y ade más, responder consultas de los oyentes. Como contraprestación por su contenido, se mencionará su vivero. Costo: cero. Rédito: altísimo.

7) Ofrezca charlas y seminarios breves en su propio vivero: saque a relucir sus dones y habilidades de comunicador y transmisor de conocimiento. Sólo eso es lo que tiene que hacer: comentar su experiencia, compartir lo que sabe. Anúncielos con volantes en el barrio y entregados en los comercios, remiserías y en mano a sus clientes y potenciales clientes. Entregue volantes por debajo de las puertas de la zona. Contáctese con agrupaciones que, de alguna forma, puedan interesarse en la temática (decoradores, paisajistas, arquitectos, grupos vecinales). Compre 20 sillas plásticas blancas, arme un rincón tipo auditorio, y realice su convocatoria. Coloque un pizarrón en la puerta del vivero anunciando la charla gratuita. Reciba a los invitados. Sortee una planta exótica entre todos los presentes. Entrégueles sus folletos. Invítelos a venir con amigos en la próxima charla (previamente programada). Busque temas generales, de impacto. Es una buena forma de llamar la atención. También puede invitar a profesionales colegas de su confianza a ofrecer sus charlas. A futuro, cuando tenga una buena cantidad de gente que haya pasado por las capacitaciones, podrá comenzar a cobrarlas, y así, generará ingresos adicionales. Costo: cero (salvo las sillas y la pizarra en la puerta). Valor percibido: alto.

8) Realice promociones especiales: en fechas estacionales, o cuando tenga productos que necesita reemplazar por otros, realice realice una "Feria americana" de plantas exóticas durante un sábado y domingo completo. Ponga guirnaldas de luces de colores en la puerta, pizarras llamando la atención, carteles con los precios (rebajados sustancialmente) bien visibles en cada maceta o sector, agrupe el producto por precio; ofrezca hermosos papeles de regalo para que la gente se vea tentada a llevarse más de un producto. Costo: cero. Valor: altísimo.

Como observará, hay múltiples alternativas para desarrollar la comunicación de su negocio, a muy bajo costo. Sólo hay que tener constancia, persistencia, enfoque, y que usted mismo lo considere algo importante. De ese modo le dedicará el tiempo necesario para implementarlo.

El único lugar donde el éxito viene antes que el trabajo, es en el diccionario.

Donald Kendall
Presidente de Pepsi Co.

PLAN DE ACCIÓN

Ideas y próximos pasos:

781. Realice un análisis minucioso sobre los resultados de su participación e inversión en las ferias y exposiciones

782. Aproveche las capacidades de la web

783. Comunique ofertas estacionales

784. Incorpore imágenes de alta calidad de sus productos

785. Atrévase a vender de manera online

786. Cree un blog que usted mismo diseñe y lleve adelante

787. Recuerde que la gran clave para posicionarse es el contenido y las "palabras claves" que utilice

788. Disponga de folletos y papelería institucional adecuada para su vivero

789. Recuerde que para su proyecto "lo esencial debe ser visible a los ojos"

790. Implemente un kit de mejora comunicacional acompañando sus productos

791. Busque crear una experiencia para el visitante

792. Combine los colores con los aromas, la decoración del lugar y la música

793. Cuente con un álbum de fotos de plantas y flores en su local

794. Tenga a la vista del cliente revistas y libros sobre plantas exóticas

795. Muestre artículos donde usted apareció en la prensa tanto local como nacional

796. Revea cómo presenta la información de plantas y flores a los clientes

797. Prepare un pequeño folleto para cada producto con información básica sobre cuidados

798. Redacte en forma fácilmente comprensible los contenidos

799. Ofrezca hacer una columna semanal sobre jardinería en general y plantas exóticas en radios locales

800. Ofrezca charlas y seminarios breves en su propio vivero.

LA PAUSA
NUNCA RENUNCIES A TUS SUEÑOS

Como inventor, Thomas Edison tuvo unos mil intentos fallidos antes de producir una lamparita eléctrica que realmente funcionara. Cuando un periodista le preguntó "¿Qué se siente al fracasar mil veces?", Edison replicó: "No fracasé mil veces: la lámpara eléctrica es un invento en mil pasos".

Albert Einstein no habló hasta los 4 años y no aprendió a leer antes de los 7- Padres y maestros lo consideraban de una inteligencia inferior a la normal. Eventualmente aprendió a hablar... y a leer... y también algo de matemática...

Sir Winston Churchill reprobó sexto grado. Y fue derrotado en todas las elecciones en que se presentó hasta que finalmente accedió al cargo de Primer Ministro, a los 62 años. Y también ganó un Premio Nobel de Literatura (en 1953).

En el ranking de los 22 estudiantes de química de su clase, Louis Pastear estaba en el puesto número 15.

Henry Ford quebró cinco veces antes de que su firma se convirtiera en sinónimo de éxito industrial en su tiempo.

Cuando Alexander Graham Bell estaba iniciando sus esfuerzos para expandir el mercado de teléfonos, ofreció los derechos a Western

Union. La oferta fue desdeñosamente rechazada diciendo: "¿Para qué podría esta compañía querer ese juguete?"

Sigmund Freud fue echado del podio en medio de abucheos cuando presentó por primera vez sus ideas a la comunidad científica europea. Volvió a su despacho y siguió escribiendo.

Walt Disney fue despedido por el director de un periódico por su falta de imaginación y buenas ideas.

Después de la primera prueba de cámaras de Fred Astaire, el director de MGM, escribió en su memo, fechado en 1933 dice: "No puede actuar. No puede cantar. Y además está ligeramente calvo. Puede bailar un poco". Astaire conservó ese memo sobre el hogar de su mansión en Beverly Hills por el resto de sus días.

Decca Records resolvió no cerrar contrato con Los Beatles basado en una evaluación que rezaba. "No nos gusta el sonido de sus guitarras". Por suerte no hicieron luego lo mismo con los Rolling Stones, aunque también rechazaron a Génesis.

En términos de músicos del pop y rock de la Argentina, EMI le dijo que no a Divididos, que terminaron vendiendo casi un millón de discos para PolyGram, sólo dos años después. En 1989 EMI rescindió contrato con Fito Páez, con fundamento en su "imagen". Por lo tanto, el músico empezó a sondear otras compañías, y dos años después llegó a un acuerdo con Warner para publicar "El amor después del Amor" que vendió más de un millón de copias.

Van Gogh sólo vendió una pintura durante toda su vida, a la hermana de uno de sus amigos, por la suma de 400 francos (unos cincuenta dólares). En 1987 su pintura "Lirios" fue vendida por un valor récord de $ 53,9 millones de dólares en "Sotheby's", y en 1990 su Retrato del Doctor Gachet fue vendido por un nuevo importe récord de $82,5 millones en Christie's.

18 editoriales rechazaron la historia de Richard Bach hasta que MacMillan finalmente la publicó con el título de "Jonathan Livingston Seagull" (Juan Salvador Gaviota) en 1970. Cinco años después había vendido más de siete millones de copias sólo en Estados Unidos.

Aunque el premio mayor se lo lleva Fack London, que recibió nada menos que 600 cartas de rechazo antes de vender su primer relato.

Por eso, nunca renuncies a tus sueños.

Cómo conseguir alumnos para cursos especializados

El caso de una academia de estudios hebreos

DESAFÍO

Un profesional independiente está relanzando una Academia de Estudios Hebreos, específicamente sobre la Kabalah. Hace un año debió abandonar el proyecto por problemas personales, pese a haber tenido 20 inscriptos que estaban estudiando distintas materias. Ahora no tiene siquiera uno. Con escaso presupuesto, está haciendo publicidad en una revista afín, imprimió unos volantes elegantes, manda newsletters a una buena base de datos y actualiza el blog cada quince días. Pero no sabe qué otra cosa hacer para promocionar su negocio.

RESPUESTA

Los cursos complementarios, como los que este emprendedor ofrece, son una de las primeras cosas que pasan a la lista de "Algún día... tal vez... quizás" en las prioridades de todos, cuando el bolsillo aprieta. Sin embargo, es en estas épocas cuando aparecen muchas oportunidades ocultas, que pueden servir para potenciar los negocios. Aquí van algunas sugerencias:

1) ¿Conoce las redes sociales? Constituyen un canal apropiado para captar el interés de potenciales estudiantes de sus disciplinas. Puede crear grupos de afinidad, subir contenidos, videos que usted misma produzca, ofrecer artículos escritos especialmente, etcétera. De esta manera, irá ampliando exponencialmente la comunidad virtual que, sumada a su mailing electrónico, podría traer mejores resultados en el tiempo. ¿En cuánto tiempo? Entre seis meses y un año. No hay resultados mágicos en comunicación: todo es un proceso de construcción en el tiempo.

2) ¿Tiene página web? De no ser así, diseñe una, sumamente atractiva, estimulante, cautivante, innovadora. Póngale mucho contenido y suba artículos cada semana. Un blog actualizado cada quince días no es demasiado atractivo en un tiempo donde la súper carretera de la información va casi a la velocidad de la luz.

3) ¿Estableció alianzas con otros institutos? Quizás puedan potenciarse mutuamente. Desarrolle actividades en común; dicte seminarios rentados y compartan las ganancias. La idea es que usted se expanda como marca y, cada vez, lo conozca más gente.

4) ¿Escribió un libro? Si bien en su temática hay mucha literatura, puede desarrollar un libro electrónico (e-book) y ofrecerlo gratuito desde su web, blog y también a sus estudiantes. Para quienes sean sus alumnos, puede escribir unos cuadernillos mensuales especiales, que también enviará a los cursantes en formato pdf vía e-mail, como material complementario, en forma gratuita. Esto suma valor a su trabajo, y sigue sembrando para el futuro.

5) ¿Chequeó los valores que la gente estaría dispuesta a pagar por sus servicios? Este es un aspecto crucial en este momento. Quedar muy por debajo del mercado desluce y da la idea de "carencia" en su actividad (y la "abundancia" es uno de los ejes centrales del crecimiento personal, inclusive de la Kabalah). Por el contrario, estar muy por encima de los valores del mercado, lo dejará automáticamente afuera.

6) ¿Tiene un proyectado de ventas para el año? De no ser así, establezca por escrito sus metas de ventas (alumnos) por cada curso y por mes, para todo el año. Le permitirá tener esta herramienta como una brújula para saber cuándo cambiar de rumbo. Los especialistas en ciencias económicas, como contadores y administradores de empresas, pueden ayudarlo en este proceso. Busque contadores que se especialicen en desarrollo de negocios, no sólo en liquidación de sueldos, impuestos o estados contables. No se deje engañar: invierta en asesoramiento profesional, aun en época de crisis. Es la mejor inversión que puede realizar.

7) ¿Qué hace para fidelizar a todos los alumnos que ya lo conocen? Establezca estrategias de marketing para mantenerlos unidos con actividades alrededor de sus productos y servicios. Recuerde que un cliente satisfecho es más fácil de seducir que uno nuevo, que aun no lo conoce.

8) ¿Hace difusión en medios de prensa? Puede escribir algún artículo y columnas de opinión sobre temas de su especialidad, o la "mirada" de la Kabalah, para diferentes medios periodísticos. Los medios general mente están ávidos de nuevos contenidos. Para saber dónde insertar sus artículos, conviértase en "consumidor compulsivo" de revistas, diarios, radios y televisión: encontrará muchas formas y los contactos apropiados para lograr el éxito de su gestión. El objetivo es ser más conocido.

Recuerde que si se enfoca en dinero, probablemente lo único que atraiga hacia usted es carencia. En cambio si se enfoca en experiencias, el dinero vendrá con toda seguridad.

Cuando se asume el riesgo de un proyecto propio, el principal objetivo es lograr resultados concretos, tener capacidad de aprender a aprender, y aunque muchos no lo crean, la motivación central no siempre es el dinero".

Andy Freiré
Emprendedor, fue creador de Officenet,
y manager de su compañía Axialent

PLAN DE ACCIÓN

Ideas y próximos pasos:

801. Sepa que en épocas de crisis aparecen oportunidades ocultas para potenciar los negocios

802. Utilice las redes sociales para captar el interés de potenciales estudiantes

803. Cree grupos de afinidad en las redes sociales

804. Busque la ampliación exponencial de su comunidad virtual

805. Recuerde que no hay resultados mágicos en comunicación: todo es un proceso de construcción en el tiempo

806. Suba a la web contenidos que usted mismo produzca

807. Diseñe una web sumamente atractiva, estimulante, cautivante e innovadora

808 . Póngale mucho contenido y suba artículos cada semana a su página web o blog

809. Establezca alianzas con otros institutos

810. Desarrolle actividades en común con otros centros de estudios y compartan las ganancias

811. Realice actividades para expandirse como marca y para que lo conozca más gente

812. Escriba un libro en su temática

813. Ofrezca un e-book gratuito a estudiantes y posibles alumnos

814. Escriba cuadernillos mensuales

815. Establezca por escrito sus metas de ventas (alumnos) por cada curso y por mes, para todo el año

816. Invierta en asesoramiento profesional

817. Establezca estrategias de marketing para mantener a sus alumnos alrededor de sus productos y servicios

818. Implemente tácticas para fidelizar a los alumnos que ya lo conocen

819. Escriba artículos y columnas de opinión sobre temas de su especialidad

820. Envíe notas de opinión sobre la "mirada" de la Kabalah para diferentes temas.

Nunca he tenido la ambición de hacer una fortuna. Hacer sólo dinero jamás fue mi objetivo. Mi ambición ha sido siempre construir.

John Rockefeller
Magnate petrolero estadounidense

Cómo conseguir inversionistas para una nueva empresa

El caso de un servicio de salud hasta ahora no existente en el mercado

DESAFÍO

Se trata de un emprendimiento dentro del área de la medicina y la salud -en particular desde el encuadre de la prevención-, que no cuenta con antecedentes equivalentes en el país. Todo el conocimiento y el desarrollo lo han realizado estudiando en Estados Unidos, e investigando en el país.

Al carecer de antecedentes y de modelos similares, resulta dificultoso realizar un plan de negocios completo y realista. Necesitan quién se involucre en el proyecto desde el conocimiento del mismo y sus alcances, y realice la inversión necesaria para el inicio de las actividades.

Consideran que este inversor que buscan se encuentra entre personalidades de renombre y muy elevado poder económico, para quienes la simple optimización de la rentabilidad no es el único objetivo de sus acciones. Bajo tal consideración, los emprendedores estiman que la mejor forma de poder presentar su proyecto es acceder a una entrevista personal con ellos, pero no disponen de los medios ni saben cómo lograrlo.

RESPUESTA

El caso plantea algunos temas interesantes que, sintéticamente, buscaremos abordar a continuación, por las múltiples aristas que tiene.

1) Cuando afirma que resulta dificultoso realizar un plan de negocios completo y realista por no haber antecedentes en el país, lo invitamos a reflexionar al respecto como una maravillosa oportunidad creativa de sentar las bases (lo que sería la "jurisprudencia" en lenguaje legal) al respecto.¿Por qué no diseñar un plan adecuado a la idiosincrasia local y las necesidades del mercado?

Todo plan que funciona en un país, rara vez puede ser trasladado sin cambios a otro. Basta mencionar como ejemplo el trabajo de agencias de publicidad que, en muchos casos, reciben "patterns" (patrones) de ciertas campañas para productos, que necesitan adecuarlas al nuevo país donde se van a difundir.

2) Es poco probable que usted pueda avanzar si no cumple con el requisito anterior: la lógica del mundo de los negocios o de cualquier emprendimiento (inclusive sin fines de lucro) indica que es imprescindible establecer un plan de trabajo que fije los plazos, posibles tiempos de retorno de la inversión, presupuestos adecuados para cada área del proyecto, entre otros aspectos.

Oportunidades para explorar: a) Busque un consultor que los asesore puntualmente en el diseño de su plan de negocios, b) Hay organismos estatales, provinciales y también algunas ONG's que brindan este tipo de asesoramiento gratuitamente o con honorarios muy accesibles. Encontrará más información explorando ávidamente en Internet, c) Detecte y coteje planes de negocios de otros rubros que, aunque distintos, puedan tener algún punto de contacto con el suyo: allí encontrará información valiosa para comenzar el proceso de construcción de su emprendimiento.

3) Acerca de la búsqueda de la persona o empresa que financie el emprendimiento: no hay dudas de que mucha gente del perfil que usted indica estarían interesados en conocer su propuesta... si se la comunican de una forma realista, clara, concisa y sobre todo, con transparencia absoluta.

En este sentido, es recomendable: a) Explore su red de contactos (es decir, no sólo la red que se agota en la letra "Z" de su agenda personal, sino todo el entramado de relaciones interpersonales que seguramente ha construido a lo largo de los años, b) Establezca el perfil exacto de persona con la que quisiesen contactarse. Haga una lista con al menos 15 nombres de personas apropiadas, aunque no tenga ni la más remota idea -por el momento- sobre cómo llegar hasta ellas. c) Indague sobre estas personas (una vez más, Internet es una excelente fuente de información al respecto), su personalidad, lea entrelineas las entrevistas que consiga sobre ellos, detecte sus fortalezas y el lenguaje a través del cuál se comunican.

Luego:

- Cree una presentación apropiada para cada una de esas personas (puede elegir por ejemplo tres para contactar en primera instancia, lo que sería su plan A, B y C).
- Defina claramente la Misión y Visión de su emprendimiento.
- Establezca claramente el beneficio para la sociedad toda (tal como usted expresa reiteradamente) y el rédito en términos de imagen, prestigio, posicionamiento, percepción,

visibilidad o cualquier otro "intangible" que su emprendimiento podría aportar a esa persona. Incluso el rédito económico.

- Esta presentación debe sintetizar la esencia del proyecto, en no más de 5 carillas o placas en Power Point muy bien diseñadas, con su correspondiente identidad corporativa.

- Al final, el golpe de gracia: ¿Por qué han elegido a esa persona en particular? ¿Qué necesitan de él o ella? ¿De qué forma quieren -en lo concreto- que se sume al proyecto?

No olvide incluir en cualquier comunicación que realice todos sus datos de contacto (nombres y apellidos, cargos, dirección postal, teléfonos con sus características de acceso, celular, e-mail personal, e-mail profesional, websíte, etcétera.).

Esto parece una verdad de Perogrullo, pero es una de las omisiones más frecuentes que se cometen al elaborar un proyecto y "ponerlo a andar".

Y ahora, la pregunta del millón: ¿Cómo conseguir una entrevista personal?

- A esta altura de las circunstancias usted y su equipo estarán tan entusiasmados y con la energía apropiada para que, como dicen algunos, "el universo conspire a su favor": buscará el teléfono en la guía telefónica, y no se sorprenda si la recepcionista, diligente, le comunica con la persona apropiada para que envíe aquella presentación especial. O bien, le devolverán el llamado antes de lo que imagina, convocándolo a un encuentro breve para ampliar detalles. Quizás le sugieran que no es un proyecto para ellos, aunque podrían derivarlo con un colega o conocido más afines a su idea... Entrará en lo que llamamos "sincronicidad": es el momento cuando, en los negocios y en la vida, comienzan a encajar las piezas del rompecabezas.

Claves finales:

- Persistir + completar (no dejar nada pendiente, cumplir los compromisos asumidos) = ganar (alcanzar la meta deseada).
- Rechace (es decir, no acepte) el "No" como única respuesta, sino como un trampolín para subir un escalón más.
- Crea firmemente en su proyecto, compártalo con personas afines a su visión.
- Descríbalo claramente: palabras sencillas, síntesis conceptual, transparencia, detalle al menos cinco beneficios concretos de su proyecto para la sociedad... y para usted como emprendedor.
- Perfecciónelo cada día: diseñe ajustes, sistemas de "tracking" (como en las viejas video casetteras) para hacer las modificaciones necesarias.

Lea historias que le inspiren: historias de emprendedores en el campo de la salud; hay mucha literatura al respecto. Estudie con videos; vea películas que incentiven su pensamiento lateral y su conexión con la intuición y la sabiduría interna. Encontrará varias claves que lo ayudarán en el proceso de mantenerse en movimiento.

PLAN DE ACCIÓN

Ideas y próximos pasos:

821. Sea creativo al encarar su proyecto

822. Tenga en cuenta la idiosincrasia de sus posibles clientes

823. No pierda de vista las necesidades del mercado

824. Analice si su plan puede ser trasladado a otra ciudad o país

825. Adecué su proyecto a la realidad local

826. Contemple los plazos de su proyecto

827. Haga un cálculo del retorno de la inversión

828. Asístase con ejemplos de Internet

829. Coteje su plan con planes de negocios de otros rubros

830. Comunique su idea de una forma realista, clara y concisa

831. Cuente su proyecto con transparencia absoluta

832. Establezca el perfil exacto de persona con la que quiere contactarse

833. Cree una presentación adaptada a cada persona que quiere alcanzar

834. Hable claramente de los beneficios que su proyecto genera a la sociedad

835. Incluya en cualquier comunicación que realice sus datos de contacto

836. Cumpla siempre los compromisos asumidos

837. Crea firmemente en su proyecto

838. Comparta su proyecto con personas afines a su visión

839. Use palabras sencillas para narrar sus ideas

840. Recurra a la síntesis conceptual para expresar mucho en pocas palabras.

Cómo generar confianza entre los clientes

El caso de un servicio de niñeras

DESAFÍO

La persona que consulta ofrece servicios de niñeras profesionales, y desea implementar herramientas para aumentar la visita a su sitio web y dar a conocer sus servicios. Si bien tiene presencia en Facebook, Twitter y otros, le gustaría innovar, porque hay mucha competencia. Sin embargo, no ve cuál podría ser el camino a seguir.

RESPUESTA

El emprendimiento que ofrece servicios de niñeras profesionales tiene muchos costados diferenciales y especiales, por lo cual el adecuado soporte de comunicación también puede marcar una ventaja competitiva.

Uno de los aspectos esenciales es el de generar confianza: cuando dejamos nuestros chicos al cuidado de niñeras profesionales, es esencial sentirnos amparados por la solidez de una compañía que garantice la excelencia en el resultado. Para eso, es fundamental comunicar los valores de su empresa, y su compromiso de calidad. Aquí van algunos tips que pueden ayudar en el posicionamiento y desarrollo del negocio.

a) Tangibilizar el servicio: una de las formas más efectivas de hacerlo es dejar que otros hablen por usted. Puede incluir testimonios de familias, satisfechas por su trabajo. Incluso, entregar a éstos algunos vouchers o descuentos, pases o beneficios, para que puedan utilizarlos (ellos o sus círculos de referencia). Le hará expandir rápidamente su base de contactos.

b) Cree un Newsletter o revista digital periódica sobre la temática: puede diferenciarse haciendo foco en el contenido (no en la intencionalidad de "venta" de sus servicios). Esta herramienta de comunicación es efectiva sólo si contiene material interesante, renovado en cada edición, con notas escritas en forma profesional, y con el tono apropiado para el público que decide la compra de sus servicios.

c) Detecte oportunidades de presencia institucional: eventos familiares, celebraciones en colegios de determinadas zonas, entre otras, podrán abrirle redes de contactos para mostrar sus servicios, captar el interés y ampliar su negocio.

d) Publique fotos de usted y su equipo de niñeras profesionales: el mostrar la cara (el "dar la cara") es importantísimo en su negocio. Describa brevemente algunos rasgos de cada una, años de experiencia, etcétera. Objetivo: acortar la brecha entre la información que puede proporcionar en una consulta preliminar, y hacer que la familia ya "sienta" la experiencia de contar con sus niñeras.

Es importante la planificación estratégica anual; la confección de su plan de negocios, y recibir el asesoramiento apropiado de diversos profesioraíes.

e) Genere alianzas: si bien ya tiene en marcha algunas acciones de promoción cruzada -técnica del marketing conocida como "cross promotion" o promoción cruzada-, esto debe convertirse en un programa de marketing activo y permanente. Le permitirá traccionar consultas a su web o telefónicamente, y de allí captar el interés de posibles clientes. Cree una tarjeta de membresía sólo si la cantidad de beneficios supera ampliamente a cualquier otra que ya tengan sus clientes actuales o potenciales.

f) Cree sentido de pertenencia: ¿lleva un registro de fechas clave como cumpleaños de sus clientes -tanto niños como adultos-, o los aniversarios? ¿Les envía un saludo especial? ¿Los contacta cada seis meses para saber cómo están? Estos detalles son sumamente importantes para tener pregnancia permanente en la cabeza de los consumidores, y que su empresa se convierta en la primera opción a la hora de pensar en contratar niñeras profesionales, ya sea por un acontecimiento puntual (como un viaje, una salida de los adultos, etcétera) como algo permanente.

g) Publique avisos publicitarios: detecte el target apropiado; destine al menos un 10% de su facturación mensual durante un año a reinversión publicitaria. Anuncie en medios offline (como diarios, revistas, periódicos zonales, medios de nicho, entre otros) y online (redes sociales, portales, entre otros recursos). Recuerde que las claves de la publicidad son: creatividad en los anuncios, claridad en el mensaje, y un cuidadoso pautado de medios.

h) Sobre las reuniones informativas: planifíquelas cuidadosamente; cree piezas especiales de comunicación. Convoque a algunos de sus clientes satisfechos para que cuenten su experiencia: serán su mejor vocero.

i) Enfóquese en los diferenciales: si usted ofrece niñeras profesionales que pueden trabajar con excelencia incluso con niños con determinadas enfermedades o patologías, ése puede ser un verdadero diferencial. Comuníquelo en primer plano, póngalo de relieve, y de esta formal podrá captar nichos específicos de mercado de padres preocupados por dichos temas.

Es importante la planificación estratégica anual; la confección de su plan de negocios, y recibir el asesoramiento apropiado de diversos profesionales, para que su emprendimiento crezca, al igual que los chicos, fuerte y sano.

> *Una visión no es una estrategia. Tampoco lo son un mejor servicio al cliente, una fusión, entrar en Internet o la innovación por sí misma. Una estrategia consiste en descubrir cómo ser únicos, exclusivos, singulares. Para lograrlo es necesario delinear un plan de acción detallado y dar a conocer a toda la empresa el contexto de negocios en el que se va a desenvolver.*
>
> **Michael E. Porter**
> Economista y profesor de la Universidad de Harvard

PLAN DE ACCIÓN

Ideas y próximos pasos:

841. Comunique los valores de su empresa

842. Muestre su compromiso de calidad

843. Haga tangible su servicio

844. Dé a conocer las referencias positivas de sus clientes

845. Incluya testimonios de familias satisfechas por su trabajo

846. Cree un Newsletter basado en el contenido y no en la venta

847. Detecte oportunidades de presencia institucional

848. Aproveche celebraciones en colegios o similares

849. Publique fotos de usted y su equipo

850. Muestre un CV de cada integrante de su equipo

851. Genere alianzas

852. Haga acciones de promoción cruzada

853. Cree una tarjeta de membresía

854. Cree sentido de pertenencia

855. Apele a la pregnancia en el pensamiento de los consumidores

856. Publique avisos publicitarios

857. Detecte el target apropiado

858. Anuncie en medios offline zonales

859. Planifique cuidadosamente las reuniones informativas

860. Ponga en primer plano sus diferenciales

La clave de cualquier emprendimiento es que la, gente esté comprometida, con la camiseta no solamente puesta sino tatuada. Me gusta la metáfora del director de orquesta: él es el único que no puede hacer ruido, no puede gritar, tiene que dirigir sólo con las manos y los ojos. Pero es el único entre los músicos que escucha toda la sinfonía.

Al Ríes y Jack Trout
Especialistas en relaciones públicas y comunicación

Cómo hacer más clientes en un rubro muy específico

El caso de una rectificadora de motores de motos

DESAFÍO

El consultante tiene una rectificadora de motores de motos, que abrió hace seis años con un socio. Si bien poseen buenas referencias en el mercado por la calidad de sus trabajos, les cuesta saber cómo tener más llegada a clientes nuevos, ya que el rubro es limitado. No saben cómo promocionarse.

RESPUESTA

El proceso de captación de clientes tiene muchos costados. Es una tarea conjunta, sobre todo para saber cuáles son las fortalezas y debilidades de lo que han experimentado hasta el presente, y corregir lo que deba hacerse de aquí en más.

Aquí van 10 ideas que pueden servir de ayuda:

1) Revisen la experiencia de estos seis años: analicen caso por caso. ¿Cuál fue el más exitoso? ¿Con qué cliente tuvieron algún tipo de reclamo posterior o inconvenientes? ¿Cómo es la relación con proveedores de repuestos? Estas y otras preguntas clave les darán valiosa información respecto de aquello que les conviene seguir manteniendo como política de calidad de la empresa, y las cosas que deberían mejorar.

2) Busquen los diferenciales: aun si el mercado es pequeño y segmentado, como parece ser su caso, siempre hay oportunidad de distinguirse. Rectificar motores puede seguir siendo su actividad principal; sin embargo, podrían adicionar una serie de productos e insumos para las motos, como valor agregado.

3) Lo que la gente busca de un especialista en mecánica: Ustedes saben que el tema de la reputación y comentarios boca a boca entre la gente, es fundamental a la hora de generar mayores consultas y clientes. En este aspecto, siempre existe el fantasma y el mito de que los mecánicos y rectificadores cobran de más. Solución: transparenten el proceso. ¿Cómo lograrlo? Una posibilidad es tener a la vista un motor de moto "diseccionado", como si se tratara de una clase de anatomía, y mostrar en el momento cuál es el problema, dónde está, cómo se soluciona, qué está fallando, etcétera.

4) Preparen un video sobre su trabajo: diseñe un blog con información sobre el mercado de motos, con información actualizada (hay por lo menos 350 sitios dedicados específicamente a novedades del rubro, si se busca en Internet), y, adicionalmente, dediquen un buen espacio a detallar el proceso de rectificación de motores. Con un video podrán graficar el proceso y, de paso, hacer más tangible el trabajo que vienen haciendo puertas adentro.

5) Establezcan contactos con los clubes de fanáticos de las motos. En la Argentina hay al menos unos 45 en todo el país, de todo tipo y calibre. Tomen contacto con ellos; realicen una promoción especial de descuentos o de ciertas verificaciones; ofrezcan participar divulgando sus eventos (por ejemplo, las carreras que organizan) con afiches que podrán colgar en su negocio o difusión en su página web.

6) Generen un certificado de "100% garantizado": si no lo tienen, o si la garantía posterior a cada arreglo la dan en forma verbal, es bueno que formalicen sus palabras, mediante un certificado que sea tangible para el cliente.

7) Ofrezcan un beneficio especial a sus clientes actuales: por ejemplo, cada vez que entreguen un motor rectificado, obsequien un 20% de descuento (o "x" cantidad de dinero) en un voucher o cheque a la orden del titular del motor, para ser utilizado ante cualquier otra necesidad que Uds. puedan resolver. También podrán armar un circuito de otras casas de motos que no brinden específicamente rectificación, y diseñar un "club" de beneficios, que podrán trasladarse mutuamente. Es un ganar - ganar para todos.

8) ¿Quién es su competencia directa e indirecta? Partiendo de este análisis, podrán revisar exhaustivamente qué hace la competencia; cómo comunican; cuál es el lenguaje apropiado; dónde hacen publicidad, etcétera.

9) Generen un encuentro anual que sume valor a quienes son sus clientes actuales y potenciales: creen una actividad, celebración, acción benéfica o festejo de algún tipo, convocando a quienes ya los conocen y a posibles usuarios nuevos. Su marca adquirirá mayor visibilidad y pregnancia (presencia, consistencia, fijación) en la mente del consumidor.

10) Obsequien suscripciones a revistas sobre motos: compren a valor preferencial algunas suscripciones, y realice un sorteo mensual entre sus clientes. El valor percibido de esta acción es realmente alto: ustedes lee estarán "regalando" una suscripción a determinada revista. Otra opción es que compren ejemplares atrasados de varias revistas sobre motos, y, ante cada entrega de un motor rectificado (o ante una venta que supere "x" valor) podrán obsequiar un paquete con dos o tres revistas. Recuerde colocar siempre una calcomanía con sus datos en la tapa de cada revista, en el sobre donde las entregue, etcétera. De esta forma, su marca será cada vez más conocida. Y es altamente probable que ese cliente los recomiende.

Perseverar es la clave; incorporar nuevo conocimiento y herramientas profesionales (como mejorar la comunicación de su empresa) es fundamental. Y adecuarse a los tiempos que corren, también.

Los argentinos no funcionamos institucionalmente, pero el mundo privado está lleno de gente con talento y agallas que desarrolla proyectos estupendos en los escenarios más inverosímiles.

Trini Vergara
Socia y fundadora de Vergara Riba Editoras

PLAN DE ACCIÓN

Ideas y próximos pasos:

861. Revise la experiencia desde el inicio de su negocio

862. Analice sus "casos de éxito"

863. Sepa que siempre puede distinguirse, aun en los mercados más pequeños

864. Piense en adicionar nuevos servicios y productos relacionados

865. Sepa que los comentarios boca a boca son fundamentales

866. Transparenten el proceso de trabajo hacia el cliente

867. Muestre cuál es el problema y cómo se soluciona

868. Haga un video sobre su trabajo

869. Diseñe un blog con información sobre el mercado de motos

870. Establezca contactos con los clubes de motoqueros

871. Realice una promoción especial de descuentos

872. Formalice sus palabras

873. Generen un certificado de "100% garantizado"

874. Diseñe un "club" de beneficios

875. Observe qué hace la competencia

876. Verifique cómo comunica y cuál es el lenguaje apropiado

877. Cree una actividad, celebración o acción benéfica que le de visibilidad

878. Obsequie suscripciones a revistas sobre motos

879. Coloque siempre una calcomanía con sus datos

880. Incorpore nuevas herramientas de comunicación.

La efectividad de las relaciones públicas se puede medir ahora más fácilmente gracias al empleo de métodos de seguimiento más sofisticados, y también con la ayuda del ROI (retorno de la inversión), de manera de establecer comparaciones con la publicidad.

Dennis Wilcox
Referente de las relaciones públicas

Cómo aprovechar las redes sociales y la web 2.0

El caso de una tienda de indumentaria de deportes extremos

DESAFÍO

Una tienda de indumentaria para deportes extremos (escalada, buceo, trekking, etcétera.) y todo lo que tiene que ver con salidas de camping y aire libre, ofrece además salidas de campamento y excursiones de trekking hacia diferentes puntos turísticos. Su público es muy heterogéneo, y su demanda de ayuda muy concreta: ¿cómo utilizar las redes sociales y demás tecnologías que van surgiendo para promoverse con una comunicación o publicidad efectiva entre sus posibles clientes?

RESPUESTA

Si bien los amantes de los deportes extremos pueden ser un grupo heterogéneo, debido al número de diversas actividades que engloba, es factible encontrar factores comunes que los agrupen. Allí tenemos una clave para acertar con una comunicación bien enfocada: buscar el factor común que existe entre sus clientes actuales, y los clientes potenciales.

Uno de esos factores puede ser la juventud. Es probable que buena parte de los practicantes de deportes extremos se ubiquen en una franja de edad entre los 16 y los 40 años. Aproveche este factor: eche mano a las herramientas de la web 2.0 y redes sociales, que tan bien se. dan entre los jóvenes, y base su comunicación en ellas. Aquí van algunos tips:

1) Tenga un perfil de Facebook y manténgalo activo.
Cree un Grupo de Facebook exclusivo de su negocio. Puede

buscar sumar amigos "buceando" en Grupos y comunidades de Facebook. También cree una cuenta de Twitter y otras redes sociales afines a las edades de sus consumidores, y utilícela para mostrar, entre otros aspectos, sus novedades, promociones, nuevos artículos y salidas. Intente captar la atención de sus "followers" (seguidores) con mensajes llamativos y de impacto. Estimule la participación de clientes y posibles clientes en sus perfiles de redes sociales y fomente el feedback con sus amigos y seguidores. Una buena opción puede ser crear un álbum de fotos donde usted reciba las imágenes enviadas por clientes y posibles clientes. En este sentido puede abrir una cuenta de Flikr donde usted pueda subir las fotos que le envían y así compartirlas con sus clientes.

2) Busque crear un grupo de pertenencia que vaya aumentando su base de "asociados" con el correr del tiempo, del "boca a boca" y la visibilidad de las redes sociales.

3) Desarrolle un Newsletter mensual donde pueda colocar: próximas salidas, notas de interés, promociones, nuevos equipos e indumentarias. Inicie un concurso de fotografía entre quienes reciben el Newsletter, premiando los primeros puestos con vouchers para ser utilizados en su comercio, ya sea para salidas como para productos.

4) Desarrolle una sección de "mi experiencia", donde los lectores puedan escribir alguna aventura vivida mientras hacían actividades al aire libre. Esto ayudará a fideli-zar a sus clientes, al hacerlos más partícipes de su grupo. Haga concursos de trivias a través de Twitter y Facebook, ofreciendo premios semanales sorpresa. Genere temas de discusión para fomentar el feedback de sus seguidores y amigos, clientes y potenciales clientes, a través de "comments" (comentarios).

Sepa que las herramientas web 2.0 y las redes sociales sólo están limitadas por la creatividad. Pruebe, intente, cree. Ese es el secreto de las nuevas plataformas de comunicación social: ser creativo.

Un líder sabe qué debe hacerse. Un administrador solo sabe como hacerlo.

Ken Adelman
Historiador y diplomático norteamericano

PLAN DE ACCIÓN

Ideas y próximos pasos:

881. Busque factores comunes que agrupen a sus clientes

882. Propóngase efectuar una comunicación bien enfocada

883. Eche mano a las herramientas de la web 2.0

884. Incursione en las redes sociales

885. Cree un perfil de Facebook

886. Cree un Grupo de Facebook exclusivo de su negocio

887. Busque sumar amigos buscando en Grupos y comunidades de Facebook

888. Tenga una cuenta de Twitter

889. Muestre sus novedades en Twitter

890. Capte la atención de sus "followers" (seguidores) con mensajes llamativos

891. Estimule la participación de clientes y posibles clientes en sus perfiles de redes sociales

892. Fomente el feedback con sus amigos y seguidores

893. Abra una cuenta de Flikr donde usted pueda subir las fotos que le envían

894. Busque crear un grupo de pertenencia que vaya aumentando su base de "asociados"

895. Desarrolle un Newsletter mensual donde pueda colocar las novedades

896. Inicie un concurso de fotografía entre quienes reciben el Newsletter

897. Desarrolle una sección donde los lectores puedan escribir alguna aventura vivida en experiencias al aire libre

898. Haga concursos de trivias a través de Twitter y Facebook

899. Genere temas de discusión para fomentar el feedback de sus seguidores y amigos, clientes y potenciales clientes

900. Tenga en cuenta que las herramientas web 2.0 y las redes sociales sólo están limitadas por la creatividad.

Cómo optimizar la inversión en publicidad

El caso de una metalúrgica mediana

DESAFÍO

El consultante es dueño de una empresa metalúrgica mediana, que no dispone de mucho dinero para promoción y publicidad. Tienen un potencial de crecimiento interesante. Su problema es cómo darse a conocer en un sector como el metalúrgico, que no suele ser noticia y que no sale en medios masivos.

RESPUESTA

Buena noticia: no es necesario contar con los recursos de una gran empresa para hacer una atractiva campaña promocional. Es necesario saber que el secreto está dado por encontrar la forma, el lenguaje y la estrategia, acompañada de los medios más adecuados.

En cuanto a la publicidad, lo importante es hacer foco en el público clave para su negocio. Pagar pauta publicitaria en lugares y medios donde no lo verán posibles clientes suyos, es desperdiciar recursos. Muchas veces apelar a los medios zonales o barriales genera mejores resultados que una publicidad más masiva. Y con seguridad los costos serán inferiores. Puede aprovechar los planes para pequeños anunciantes, y potenciar la visibilidad de su negocio.

Entonces, en primer lugar, piense estratégicamente. Analice cual es su publico clave. Observe dónde se ubica. Detecte qué medios consume. Y luego realice el análisis a la inversa: cuáles son los medios que llegan a sus posibles clientes, cuál es el más importante, el que tiene más prestigio, el que tiene más tirada de ejemplares, el más leído o escuchado, el más visitado en la web.

Luego pase a un segundo nivel. Analice en qué lugares suelen moverse sus clientes y potenciales clientes, para saber dónde le conviene colocar una publicidad estática, dónde dejar su folletería, dónde estampar su nombre para generar reconocimiento de marca, y otras acciones.

Una vez hecho este análisis, debe hacer un último paso estratégico: definir prioridades, y contrastar esas prioridades con sus recursos disponibles para comunicación y publicidad. Sobre la base de ese análisis, determine cuál es el medio más conveniente, cuál la acción de comunicación más reditable, cuál el plan de publicidad que le brinda mejores condiciones de costo-beneficio, cuál la acción que le permite recordación de marca sostenida en el mayor tiempo posible, etcétera. La recomendación, siempre, es trabajar con profesionales reconocidos y no con improvisados.

Sin dudas, al final de este camino vera que el horizonte no es tan sombrío y que sus recursos pueden ser más que suficientes para realizar una comunicación y una publicidad que le permita realimentarlos.

Lo importante en cuanto a la publicidad , es hacer foco en el publico clave para su negocio sin desperdiciar recursos.

PLAN DE ACCIÓN

Ideas y próximos pasos:

901. Sepa que el secreto de una buena pauta publicitaria es encontrar el medio más adecuado

902. Haga foco en el público clave para su negocio

903. No desperdicie recursos

904. No pague pauta publicitaria en lugares y medios donde no lo verán posibles clientes

905. Apele a los medios zonales o barriales

906. Piense estratégicamente

907. Analice cuál es su público clave.

908. Observe dónde se ubican sus potenciales clientes

909. Vea qué medios consume su público objetivo

910. Analice los medios

911. Observe cuáles son los medios que llegan a sus posibles clientes

912. Analice cuál resulta el medio más importante para su negocio

913. Investigue qué medio tiene más prestigio y más tirada de ejemplares

914. Analice en qué sitios suele moverse sus clientes y potenciales clientes

915. Piense dónde puede colocar una publicidad estática

916. Piense dónde puede dejar su folletería

917. Vislumbre dónde puede estampar su nombre para generar reconocimiento de marca

918. Defina prioridades

919. Contraste sus prioridades con sus recursos disponibles para comunicación y publicidad

920. Contrate a profesionales (no a improvisados) y sobre la base de su análisis, determine cuál es el medio más conveniente.

> *Los jefes deben dedicarse a desarrollar estrategias, proponer mejoras continuas e innovaciones. Si lo que se necesita es responder con calidad y rapidez a los clientes en entornos competitivos,deben motivar a su personal para obtener su máximo potencial y para ello es indispensable entregar poder.*
>
> **David Fischman**
> de su libro "El camino del líder"

Cómo vender un servicio poco conocido

El caso de una empresa especializada en "mystery shoppers"

DESAFÍO

Los consultantes pertenecen a una empresa que ofrece servicios de "mystery shopper". Se trata de una técnica de investigación del mercado que sirve para evaluar y medir la calidad de atención al cliente. Además de recabar los datos a través de estos "clientes simulados", hacen informes posteriores del tipo F.O.D.A. donde detallan cuantitativa y cualitativamente los resultados del análisis y hacen recomendaciones a sus clientes.

El inconveniente en este segmento es que, al no ser un servicio muy conocido, y por lo tanto no muy utilizado por las empresas, existe el prejuicio de que implica un alto costo. Lo que pretenden es difundir este servicio y mostrar su importancia y los beneficios que puede reportar a las empresas contratantes.

RESPUESTA

Dar a conocer un producto nuevo o un servicio desconocido siempre tiene algo "evangelizador". Sin embargo, empezar desde cero no es algo negativo. Muchas veces es más fácil mostrar y enseñar acerca de algo de lo que no se tiene ningún tipo de conocimiento que intentar cambiar un concepto ya aprendido.

Aproveche esta situación: haga hincapié en que se trata de algo novedoso, poco común, que no es más de lo mismo. No presente al servicio de "mystery shoppers" sólo como un servicio más; preséntelo como una herramienta de trabajo que permitirá mejorar el negocio. Ahora bien: ¿cuáles son los caminos que dispone para presentar el servicio?

Existen algunos caminos clásicos, pero no por eso menos efectivos. Aquí van algunas sugerencias:

1) Haga contacto con los decisores de compra de las empresas. Concrete entrevistas sólo con los ejecutivos clave, que pueden decidir si adquieren el servicio o no, de otro modo sólo perderá el tiempo y derrochará esfuerzos. Realice una buena presentación en Power Point para la "venta" del servicio. Haga una plataforma de mensajes clave para quienes darán la presentación. Genere mensajes de fuerte impacto. Concéntrese en los beneficios que el servicio aporta. Demuestre porqué es útil. Convenza a su potencial cliente de que realmente necesita el servicio.

2) Prepare casos de éxito. Diseñe ejemplos de clientes que haya atendido. Allí debe comunicar el antes y después: cómo era el negocio del cliente antes de utilizar "mystery shoppers", cuál era el inconveniente que se presentaba, cuáles eran las alternativas, cómo se implemento el servicio y, finalmente, cómo y cuánto mejoró el negocio. Consiga números y cifras de clientes que demuestren el impacto de esta herramienta en el negocio. Contar con varios casos de éxito, de diferentes industrias, segmentos y problemáticas, le dará la posibilidad de adecuar la presentación dependiendo del potencial cliente que visitará. Recuerde pedir las autorizaciones pertinentes, o bien, mantener la confidencialidad de la marca para la que trabajó, según se haya establecido en sus contratos y acuerdos.

3) ¿Qué tal si aplica sus servicios de "mystery shoppers" en su potencial cliente? Una vez chequeados sus puntos de venta, muéstrele dónde está fallando, cuáles son los problemas actuales de su negocio, cuáles son los problemas que pueden generarse y cómo impactarán en sus balances. Trate de enfocarse en datos de él mismo que hasta entonces desconocía, para tener un mayor impacto. Muéstrele cuáles son sus alternativas, cómo puede adaptarse el servicio a sus necesidades y, nuevamente, cómo se beneficiará con él.

4) Contáctese con los departamentos de desarrollo de producto de distintas empresas que a usted le gustaría tener como clientes. Indague, anticípese a sus necesidades. Conozca detalles de sus planes y propóngales instancias de investigación.

5) Busque alianzas internacionales: en un mundo global, muchas compañías podrían tomar decisiones de contrataciones desde sus casas matrices. Por eso es importante tener presencia no sólo a nivel local, sino internacional. Puede hacer alianzas, contratos de representación de firmas internacionales de su misma especialidad, y, por qué no, nutrirse de casos y experiencia que compartirán en red.

PLAN DE ACCIÓN

Ideas y próximos pasos:

921. Haga hincapié en la novedad del servicio

922. Aclare que no es más de lo mismo

923. No presente al servicio de "mystery shoppers" sólo como un servicio más

924. Presente el servicio como una herramienta de trabajo

925. Comunique la idea de que el servicio mejora el negocio del cliente

926. Haga contacto con los decisores de compra

927. Concrete entrevistas sólo con los ejecutivos clave

928. Realice una buena presentación en Power Point

929. Haga una plataforma de mensajes clave para quienes darán la presentación

930. Genere mensajes de fuerte impacto

931. Concéntrese en los beneficios que el servicio aporta

932. Demuestre porqué es útil

933. Convenza a su potencial cliente de que realmente necesita el servicio

934. Aplique sus servicios secretamente a un potencial cliente

935. Muéstrele cuáles son los problemas actuales de su negocio

936. Trate de enfocarse en datos de él mismo que hasta entonces desconocía

937. Muéstrele cuáles son sus alternativas

938. Prepare casos de éxito de sus clientes

939. Comunique el "antes y después" de la aplicación de sus servicios

940. Reporte resultados y muestre resultados cuali-cantitativos. Transforme en números todo lo que sea posible de ser medido.

Cómo comunicar el regreso de una marca

El caso de una línea nacional de ropa deportiva

DESAFÍO

Se trata de una fábrica nacional de ropa deportiva que cerró sus puertas por la crisis argentina del 2001. Tres años después reabrió dándoles trabajo a cerca de 40 familias. Buscan darse a conocer a consumidores finales, clientes mayoristas y comercios o distribuidores que quieran comercializar sus productos. Creen que la marca está aun presente en la mente del consumidor, y bien considerada por el público, pero deben volver a salir al ruedo. La pregunta que hacen es: ¿qué pueden hacer para lograr reflotar la marca y generar más ventas?

RESPUESTA

Que una empresa deba cerrar sus puertas por una crisis ajena a su responsabilidad directa no es algo que deba esconderse, porque no es motivo de vergüenza. Y si esa empresa tiene la capacidad de volver a producir, ¡qué mejor que darlo a conocer!

Por eso, lo recomendable es valerse de las buenas noticias y comunicarlas, porque tienen un gran valor para la comunidad. Si usted está reabriendo, cuénteselo a todo el mundo: reestablezca su base de contactos y efectúe un envío masivo con la nueva noticia a clientes, posibles clientes, proveedores y demás. Entre en contacto con los medios. Haga foco en las secciones de economía y negocios. No deje de contar su historia, la reapertura es siempre un caso de éxito.

Además, considere lo siguiente:

1) Destine un presupuesto para publicidad, promoción y relaciones públicas, por lo menos para el primer año. Debe considerar una fuerte inversión en este segmento, el momento lo amerita y seguramente le reportará grandes beneficios. Haga una buena campaña de comunicación y publicidad con profesionales. Tiene una gran ventaja: la reapertura de la fábrica es una noticia en sí misma, no necesita crearla.

2) Haga foco en los valores de su marca. Destaque la importancia de la reapertura para la comunidad. Ponga especial acento en el hecho de ser una marca nacional, que sufrió los vaivenes económicos del país y que ahora resurge con más fuerza.

3) Piense en un rediseño de su imagen institucional, ya que es un buen momento para implementarlo, dejando atrás el pasado y poniendo foco en una visión de futuro. Piense en recrear su isologo, manteniendo los valores que los clientes reconocen, procurando obtener una identidad visual conceptual de su proyecto que represente su visión de futuro. Analice añadir una frase o slogan que sirva para comunicar la nueva etapa que la empresa atraviesa: "Volver a vivir" u otra de ese estilo puede ser una opción. Genere nueva folletería, de calidad.

Programe estratégicamente el relanzamiento de la marca. Organice un evento con buena presencia de invitados relevantes para su negocio. Invite a los medios. Si realiza un rediseño de su imagen institucional es el mejor momento para darlo a conocer.

Ponga en marcha las herramientas de la web. Las redes sociales, como Facebook, son una excelente aplicación para llegar al público joven y a los amantes del deporte. Rediseñe su sitio web y, fundamentalmente, siempre comunique que la empresa está de vuelta y que no piensa volver a cerrar. Todo lo contrario: hacia delante, hacia arriba, hacia la cima.

PLAN DE ACCIÓN

Ideas y próximos pasos:

941. No sienta vergüenza por una crisis ajena a su funcionamiento

942. Dé a conocer que "está vivo"

943. Válgase de las buenas noticias y comuníquelas

944. Si usted está reabriendo, cuénteselo a todo el mundo

945. Restablezca su base de contactos

946. Efectúe un envío masivo con la nueva noticia a clientes, posibles clientes, proveedores y demás

947. Entre en contacto con los medios.

948. Haga foco en las secciones de economía y negocio.

949. Destine un presupuesto para publicidad, promoción y relaciones públicas

950. Haga una buena campaña de comunicación y publicidad con profesionales

951. Haga foco en los valores de su marca

952. Destaque la importancia de la reapertura para la comunidad.

953. Ponga especial acento en el hecho de ser una marca nacional

954. Rediseñe su imagen institucional

955. Piense en recrear su isologo manteniendo los valores que los clientes reconocen

956. Analice añadir una frase o slogan que sirva para comunicar la nueva etapa que la empresa atraviesa

957. Piense en relanzar su marca

958. Organice un evento con buena presencia de invitados relevantes para su negocio

959. Invite a los medios

960. Ponga en marcha las herramientas de la web.

Hay cinco puntos que un general debe tener en cuenta: el primero, administración; el segundo, preparación; el tercero, determinación el cuarto, prudencia; y el quinto, economía.

Wu Chi
Maestro de filosofía y disciplinas orientales, (4.30-381 A.C.

Cómo diferenciarse en un mercado homogéneo

Un caso de empresa de radio taxis

DESAFÍO

El consultante está al frente de una empresa de radio-taxi tradicional y una de las primeras en la Ciudad Autónoma de Buenos Aires. Con el tiempo han surgido muchas otras, y la competencia es muy grande en el segmento. Pero no todas las empresas ofrecen un buen servicio.

Hay muchos inconvenientes de seguridad referidos a los taxis, y hay desconfianza en muchos clientes de este tipo de servicios. A esto se agregan los aumentos de tarifas, y la extensión de ciertas redes de transportes como subterráneos, lo que hace bajar el consumo de viajes en taxi. Por eso el problema es múltiple.

Las consultas concretas son: ¿Cómo trabajar la promoción y la comunicación de la empresa para que cambie la forma de pensar de clientes, que siempre tomaban el servicio de radio taxi y ahora han dejado de hacerlo? ¿Cómo se pueden diferenciar de todos los competidores y mostrar que el servicio es diferente?

RESPUESTA

Sucede muy a menudo que la existencia de un amplio número de competidores en un determinado segmento provoca una homogeneización de los servicios. Es decir, todos ofrecen lo mismo con una calidad similar. Es ese el punto al que debe atacarse con más fuerza. Marque una diferencia en cuanto a la calidad. Que la calidad sea su diferencial frente a sus competidores. Algunas claves:

1) Entrene a su personal en la comunicación con sus clientes. Este es un punto crítico para una empresa de radio-taxi. Realice entrenamientos con profesionales de la comunicación para mejorar la atención telefónica, necesita ser lo más profesionalizada posible. Contrate un buen servicio de telecomunicaciones, disponga siempre de líneas telefónicas disponibles que eviten dar "ocupado" a sus clientes.

2) Disponga de materiales que permitan a los clientes tener sus datos de contacto siempre a mano: imanes identificatorios, tarjetas personales, etcétera. Recuerde que el uso de Internet es cada vez mayor, en especial los dispositivos móviles que permiten estar online en cualquier lado. Por eso, recuerde disponer de una página web atractiva. Allí podrá tener una la lista de precios con distancias aproximadas siempre actualizada. Y puede implementar nuevas vías de comunicación, por ejemplo la atención online a través de chats. Piense en el desarrollo de una plataforma que permita a los clientes hacer reservas online, desde su computadora personal.

3) Intente diferenciarse de la competencia. Disponga de una imagen institucional con diseño gráfico de alta calidad y atractivo. Sepa que los uniformes del personal (fundamentalmente los choferes de las unidades) son uno de los elementos fundamentales. Cree un slogan que defina el espíritu de su empresa. Remarque su tradición. El slogan puede hacer referencia a la cantidad de años que lleva en el mercado.

4) Si uno de los problemas que afecta a su actividad tiene que ver con la inseguridad, debe enfocarse en brindar respuestas en este sentido. Enfoque su comunicación en mostrarse como una empresa seria, que da importancia a la seguridad de sus clientes. Una buena manera de lograrlo puede ser un folleto con recomendaciones para la seguridad en los viajes en taxi. Esta también es una forma de diferenciarse.

5) Genere alianzas estratégicas. Únase con restaurantes, teatros, cines, boliches y otros sitios de alta concurrencia ofreciendo descuentos. Manténgase en contacto con clientes asiduos. Muéstrese preocupado por optimizar sus servicios. Una buena alternativa es realizar una breve encuesta entre los clientes para saber dónde está parado y en qué puntos puede mejorar. Sepa que siempre hay espacio para mejorar.

6) Supervise permanentemente la calidad del servicio, incluyendo exámenes periódicos a los choferes, limpieza de las unidades, y el estricto cumplimiento de las normas de su organización.

7) Entrene a los choferes en cursos básicos de idiomas: así hará sentirse más a gusto a los turistas que visitan la ciudad. También brinde asesoramiento en buenos modales y el respeto por normas básicas de urbanidad y servicio al cliente; por ejemplo, si un usuario pide un auto no fumador, así debe ser.

Recuerde que la excelencia en el servicio se compone de pequeños detalles. Y los detalles hacen la diferencia.

Las palabras "información" y "comunicación" a menudo se utilizan como sinónimos, pero significan dos cosas diferentes. Información es dar; comunicación es entenderse.

Sydney J. Harris
Escritor norteamericano

PLAN DE ACCIÓN

Ideas y próximos pasos:

961. Evite caer en la homogeneización de los servicios

962. Marque una diferencia en cuanto a la calidad

963. Tome un atributo que sea su diferencial frente a sus competidores

964. Entrene a su personal en la comunicación con sus clientes

965. Procure que su atención sea lo más profesionalizada posible

966. Contrate un buen servicio de telecomunicaciones

967. Disponga siempre de líneas telefónicas disponibles que eviten dar "ocupado"

968. Disponga de materiales que permitan a los clientes tener sus datos de contacto siempre a mano

969. Disponga de una página web atractiva

970. Implemente nuevas vías de comunicación

971. Piense en la atención online, a través de chats

972. Piense en el desarrollo de una plataforma que permita a los clientes hacer reservas online

973. Disponga de una imagen institucional con diseño gráfico de alta calidad

974. Cree un slogan que defina el espíritu de su empresa

975. Remarque su tradición

976. Muéstrese como una empresa seria

977. Genere alianzas estratégicas

978. Muéstrese preocupado por optimizar sus servicios

979. Regale materiales con recomendaciones para la seguridad en los viajes en taxi

980. Sepa que siempre hay espacio para mejorar.

Creo que el marketing es una palabra que no tiene un significado universal. Planes de marketing, estudios de mercado... nunca he realizado esas cosas, aunque no reniego de ellos.
Cuando lanzo un nuevo producto al mercado, lo que me preocupa es que este lo mejor posible y que me guste. En este trabajo, hay un 90% de pura intuición.

Ágatha Ruiz de la Prada
Dseñadora y empresaria

Cómo fidelizar y captar pacientes

El caso de un odontólogo que necesita facturar más

DESAFÍO

El consultante es odontólogo. Tiene un consultorio dental, pero no suma nuevos pacientes desde hace tiempo. Las personas a las que ha atendido han quedado muy conformes con el trabajo realizado, y se reconoce como un muy buen profesional. Sin embargo, no sabe qué hacer para atraer clientes.

RESPUESTA

El proceso de captación de nuevos clientes es mucho más complejo que el de fidelizar a los que ya tiene. Usted compite en un rubro de servicios médicos sumamente complejo, sobre todo por la oferta de tratamientos y distintas opciones que existen actualmente. Aquí van algunas ideas:

1) ¿Cómo se comunica con sus pacientes? La relación médico - paciente es fundamental para el sostenimiento del vínculo. A todos nos sucede que tendemos a sentirnos más a gusto, confiar y relajarnos con un médico cercano, que nos explica, que se toma el tiempo suficiente para preguntarnos -por qué no- algunas cosas personales. Es decir, establecer rapport. Este rapport es lo que genera un marco de empatía que deriva, indefectiblemente, en el regreso de esos pacientes para nuevas consultas, e incluso en recomendaciones si se quedaron satisfechos.

2) ¿Está actualizado profesionalmente? Aunque parezca obvio, la sobreabundancia de información a través de Internet, programas de TV, columnas en radios y otros medios, hace que los pacientes de servicios odontológicos estén cada día más informados. Independientemente de los alcances y veracidad de lo que circula por los medios, por lo general este posicionamiento es sumamente benéfico en términos masivos hacia su profesión en general; no sólo para usted como odontólogo individual. Por lo cual, la incorporación de lo que hoy se denomina "odontología cosmética" con todo lo que de ella deriva -blanqueamientos, fundas, ortodoncia estética y mínimamente invasiva- constituyen ejes centrales para considerar.

3) ¿Lleva un registro de todos sus pacientes? Seguramente dirá que sí, refiriéndose a las tradicionales "fichas" en cartón de los tratamientos. Pero es más allá que esto: hoy no alcanza con saber el nombre, apellido y teléfono. Es necesario conocer su fecha de cumpleaños, su entorno familiar, los procesos personales y profesionales de cada paciente / cliente. Por lo cual, si no lo está haciendo, la invitación es a que vuelque en una completa base de datos toda la información de sus pacientes, en un soporte tecnológico apropiado que le permita segmentar por edades, barrios, tratamientos, etc. Esto le permitirá dirigir sus comunicaciones con mayor efectividad.

4) ¿Interactúa con otros colegas? A veces, conocer cómo les va a otros colegas es un buen punto de referencia. ¿Qué están haciendo para mantener sus clientes? ¿Cómo es el vínculo? ¿Cómo han decorado sus consultorios? ¿Qué instrumental moderno utilizan? Son todas preguntas clave que pueden ayudar a impulsarlo hacia lo nuevo.

5) ¿Recibe visitadores médicos? La visita de agentes de propaganda médica es relevante para los pacientes -más allá de que a veces puede resultar molesta si toman tiempo entre turnos-. ¿Por qué? Básicamente, porque si un visitador médico toma tiempo en su recorrido y le acerca novedades de productos, usted es un profesional reconocido para los laboratorios. Esa es la lectura directa que hace el paciente.

6) ¿Promociona sus servicios de limpiezas dentales y de controles anuales? Esto es otro punto de atracción e interés. El necesario control anual es uno de los pilares del vínculo del odontólogo con sus pacientes.

7) ¿Tiene un sitio web o un blog con consejos odontológicos? Una página web, o bien un blog gratuito, son excelentes canales de comunicación con el público. Podrá colgar notas, comentarios, tips de cuidado odontológico; sugerencias sobre determinados procedimientos; odontopediatría, cuidados odontológicos ante deterioros avanzados (y por supuesto, ¡sus soluciones!), y cualquier otro contenido que resulte de interés. Además, deberá mostrar su perfil profesional, cursos, actualizaciones,su foto y -algo central- fotos profesionales de su consultorio. El entorno y la imagen son muy importantes.

8) Finalmente, ¿Tiene equipamiento actualizado? Usted sabe el trastorno que -para mucha gente- significa ir al odontólogo. Se podría decir que la "pesadilla del torno", ruidoso y antiguo, le ha hecho tanta "mala prensa" a su profesión, que mucha gente se asusta de antemano, sin saber que hoy forma parte más del mito que de la realidad. Sin embargo, esto influye de sobremanera en el ambiente y relación que usted está creando con sus pacientes. Por otro lado, la incorporación de tecnología; el anuncio de nuevos procedimientos; un curso de especialización en determinadas especialidades; su ponencia en un congreso nacional o internacional de odontología, pueden transformarse en noticia, no sólo para algunos medios de prensa con los que pueda establecer contacto… sino para sus propios pacientes.

En un mundo de hiper competencia, las empresas tienen que reinventarse a un ritmo cada vez más rápido y necesitan a sus empleados innovando todos los días. Por otro lado, están las nuevas herramientas para la administración que posibilitó Internet Si uno no las explota, los competidores sí lo van a hacer.

Gary Hamel
gurú del management según The Wall Street Journal

PLAN DE ACCIÓN

Ideas y próximos pasos:

981. Captar nuevos pacientes es más complejo que fidelizar a los que ya tiene.

982. Revise su proceso de comunicación con sus pacientes desde la consulta médica en adelante.

983. Genere rapport

984. Actualícese profesionalmente

985. Aproveche el acceso a información que tienen los pacientes a través de Internet, televisión y otros medios

986. Lleve un registro de sus pacientes. Sistematícelo con un software apropiado.

987. Interactúe con colegas. ¿Qué están haciendo para mantener sus pacientes?.

988. Reciba visitadores médicos.

989. Promocione los servicios de limpiezas dentales y controles anuales.

990. Cree una web o un blog con consejos odontológicos.

991. Llame a sus pacientes para recordarles la importancia del control semestral.

992. Actualice su equipamiento.

993. Anuncie los nuevos procedimientos.

994. Diga presente con sus pacientes en fechas especiales: cumpleaños, nacimientos, aniversarios.

995. Escriba artículos de prensa y busque medios que puedan interesarse en publicarlos.

996. Participe de congresos con ponencias y casos.

997. Desarrolle su marketing personal.

998. Consiga productos para obsequiar a sus pacientes.

999. Cuide el aspecto de su consultorio: no sólo la limpieza, sino la decoración, la música y la atención telefónica.

1000. Exhiba sus títulos y diplomas, cursos de actualización y otros elementos que lo avalen.

1001. Establezca un plan semestral de captación de clientes; lleve adelante la estrategia y analice los resultados.

Daniel Colombo es Master Coach experto en CEO, alta gerencia y profesionales; comunicador profesional; Mentor de ejecutivos y empresarios; Speaker internacional; y facilitador de procesos de cambio. Media-coach de políticos y ejecutivos; experto en Oratoria moderna.

Autor de 21 libros, entre ellos "Sea su propio jefe de prensa" "Historias que hacen bien", "Preparados, listos, out" (co-autor, sobre el Síndrome del Bournout); "Abrir caminos", y una colección de 6 libros y DVD, "Comunicación y Ventas" con Clarín de Argentina, y la colección "Coaching Vital" compuesta por tres títulos: "El mundo es su público", "Oratoria sin miedo" y "Quiero vender" (Hojas del Sur).

Se desempeña habitualmente en 18 países, habiendo brindado más de 600 conferencias, workshops, seminarios y experiencias vivenciales, llegando al millón de personas entrenadas. En todas sus redes sociales tiene un millón de seguidores.

Conduce y guía equipos de alto rendimiento en empresas nacionales y multinacionales dentro y fuera de su país. Ha asesorado y trabajado junto a más de 2500 empresas, y dirigido su compañía de relaciones públicas durante 20 años. Escribe regularmente en más de 20 medios de Argentina y diversos países.

Web: www.danielcolombo.com
https://www.linkedin.com/in/danielcolombo/
Twitter @danielcolombopr
www.Facebook.com/DanielColomboComunidad/
Instagram: Daniel.colombo
YouTube: www.youtube.com/DanielColomboComunidad

LIBRO EDITADO POR

EDITORIAL AUTORES DE ARGENTINA

www.ingramcontent.com/pod-product-compliance
Lightning Source LLC
LaVergne TN
LVHW011324080426
835513LV00006B/185